Gabriel Massias

Invertir en Bolsa para Principiantes:

Crear Ingresos Pasivos con una Cuenta de Valores | ETF, Acciones y Dividendos, una Estrategia Simple y Efectiva para Desarrollar tu Patrimonio a Largo Plazo

The 3M Bros Company

Me gustaría expresar mi gratitud a mi tío Roland, que siempre ha sido un mentor y un guía para mí. Su apoyo y sus consejos fueron inestimables durante la redacción de este libro.

Me enorgullece poder compartir estos conocimientos con usted y soy convencido de que la información presentada le ayudará a tomar las riendas de su futuro financiero.

Gracias de nuevo, Roland, por tu contribución a mi desarrollo.

"La regla número uno es no perder nunca dinero.

La regla número doses no olvidar nunca la regla nº 1".

Warren Buffett

"Siempre es la impaciencia por ganar que te hace perder".

Luis XIV

"El interés compuesto es la octava maravilla del mundo.

El que lo entiende, se enriquece; el que no, lo paga".

Albert Einstein

Contenido

¿Por qué necesita este libro?

Invertir en bolsa parece intimidante, sobre todo si no conoces todos los engranajes del sistema. Sin embargo, ¿te has imaginado alguna vez cómo podría ser tu vida si tuvieras acceso a un dinero extra para hacer realidad tus sueños?

Si estás listo para salir de tu zona deseguridad e invertir en tu futuro, ¡este es tu libro!

Todo empezó cuando era joven. Por aquel epoca, creía firmemente que para tener éxito financiero sólo había que trabajar duro y ahorrar dinero. Sin embargo, a medida que fui creciendorealizo que esta estrategia no me permitía alcanzar los resultados financieros que realmente quería.

Los que ya hayan leído mi libro sobre la PEA, ya saben cómo descubrí la importancia de invertir.

Descubrí este apasionante mundo durante una cena familiar, dondé mi tío materno, Roland, compartió sus conocimientos conmigo. Roland era un empresario próspero y su éxito financiero me inspiró mucho.

Me contó cómo consiguió acumular tanta riqueza. Me explicó que empezó a invertir en cuanto tuvo sus primeros ingresos. Me enseñó cómo invertía en acciones, ETF y propiedades para hacer crecer su dinero a largo plazo.

Su historia me inspiró y empecé a aprender más sobre inversión. Descubrí que podía utilizar las mismas estrategias que él para alcanzar mis propios objetivos financieros. Empecé a ahorrar dinero y a invertir poco a poco, aprendiendo sobre la marcha. Con el tiempo, mis inversiones dieron sus frutos.

Fue entonces cuandorealicé la importancia de invertir para crear riqueza a largo plazo. Por eso, me convertí en un apasionado defensor de la inversión y por eso ahora estoy encantado de compartir mis conocimientos y experiencia con usted.

Como muchos de nosotros, me enfrenté a un dilema cuando empecé a explorar oportunidades de inversión. Por un lado, quería maximizar mis ganancias, pero de otro lado, me sentía completamente inseguro de mí mismo y me preocupaba cometer errores.

Sin embargo, había una cosa que estaba segura al 100%. Tenía que salir de mi zona de seguridad y aprender a desarollarme en el mundo de las inversiones si realmente quería tener éxito y salir adelante.

Así que decidí empezar a invertir poco a poco, asegurando no jugarselo todo a una carta.

Estudié los mercados financieros y aprendí de mis errores, teniendo siempre en mi cabeza que la clave del éxito como inversor era seguir aprendiendo. Poco a poco, empecé ver resultados positivos de mis inversiones.

También aprendí la importancia de diversificar mi cartera de inversiones para minimizar el riesgo y maximizar la rentabilidad. Empecé con un PEA para invertir en acciones y en los ETF franceses, lo que me permitió beneficiar de ventajas fiscales.

Entonces realicé que si quería ir más lejos, necesitaba una cuenta de valores.

La cuenta de valores me ha permitido invertir en los mercados internacionales, en particular en el mercado estadounidense, que es uno de los más dinámicos del mundo. Gracias a esta mayor diversificación, he podido reducir mis riesgos y maximizar mis rendimientos, al tiempo que he tenido acceso a una gama más amplia de oportunidades de inversión.

Como inversores, todos tenemos el poder de crear nuestra propia riqueza, pero para ello es necesario comprender los riesgos y oportunidades que nos enfrentamos.

La inversión es una oportunidad maravillosa, pero también puede causar daños irreparables si no la utilizamos con prudencia.

Es fundamental que no tome este libro como un manual de instrucciones, sino como una guía que le ayudará a desarrollar su propio enfoque de la inversión. La clave para ser un inversor rentable es seguir aprendiendo.

Mi objetivo al escribir este libro es darle una comprensión clara y concisa de la inversión en bolsa utilizando una cuenta de valores. Mi objetivo es vulgarizar la inversión en bolsa y permitir que todo el mundo tome decisiones financieras con conocimiento de causa.

Me he esforzado por simplificar los conceptos financieros para que cualquiera pueda comprender cómo invertir. Espero que este libro sea una guía accesible para los principiantes en inversiones.

Hoy, en mis 34 años, estoy orgulloso de decir que me he convertido en un inversor experimentado y he creado flujos de ingresos pasivos a través de mis inversiones. También estoy feliz de compartir mis conocimientos con usted a través de este libro y sinceramente espero ayudarle a ser financieramente libre.

Es hora de tomar las riendas de su futuro financiero. ¿Está preparado para pasar a la acción?

Aclaración importante

A lo largo de este libro, utilizaré un término: "CVO". Este término no es más que la abreviatura de Cuenta de Valores Ordinaria.

¡Tu opinión cuenta!

Si ha leído este libro, comparta su reseña en la página web de su librería. Tus comentarios serán útiles para futuroslectores.

Estoy deseando ver cómo te ha impactado este libro.

Gracias de antemano por su contribución y ¡feliz lectura!

Primera parte:

Los secretos de la Bolsa

"La única comida gratis, esta la diversificación".

Harry Markowitz

Capítulo 1: Hacerse rico con la bolsa

¿Qué es el mercado de valores?

A. Definición del mercado de valores

El mercado de valores es un lugar donde los inversores, como usted y yo, compran y venden acciones de empresas.

Al comprar una acción de una empresa en bolsa, te conviertes en propietario parcial de esa empresa y recibes parte de lo que gana en forma de dividendos.

También puede comprar estas acciones a buen precio y venderlas más tarde a un precio más alto para obtener beneficios.

B. Un ejemplo para ayudarle a comprender

Supongamos que decide comprar acciones de una empresa llamada XYZ. Al comprar estas acciones, te conviertes en propietario parcial de la empresa y participas en sus beneficios y pérdidas.

Si la empresa funciona bien y sus acciones aumentan de valor, puede vender sus acciones a un precio superior al que las compró y obtener un beneficio.

Es importante tener en cuenta que la bolsa es un mercado volátil, lo que significa que los precios de las acciones varían con el tiempo. Por eso es fundamental estar bien informado antes de invertir.

No se preocupe, ¡este libro le dirá todo lo que necesita saber! Juntos descubriremos cómo la Bolsa puede ayudarle a alcanzar sus objetivos financieros.

Así que prepárate.

2. ¿Cómo funciona el mercado de valores?

A. Acciones

La bolsa es una forma de enriquecerse invirtiendo en empresas que crean riqueza. Para comprender cómo eso funciona, primerodebemos hablar de las acciones.

Las acciones son partes de propiedad de una empresa. Al comprar una acción, se convierte en propietario de una pequeña parte de la empresa. Por tanto, tiene derecho a participar en los beneficios y las decisiones de la empresa.

¿Cómo se compran y venden las acciones en bolsa?

Es muy simple. Las empresas venden acciones para conseguir dinero para crecer, y los inversores compran acciones para convertirse en propietarios de esas empresas y esperar recibir beneficios en el futuro.

El otro aspecto importante del funcionamiento de la bolsa es la evaluación de las acciones.

¿Cómo sabemos cuánto es una acción?

Ahí es donde entran en juego los índices bursátiles. Un índice bursátil es un barómetro que refleja el estado general del mercado de valores. Se construye a partir de un conjunto de acciones representativas de un determinado sector económico o país.

Al igual que un termómetro para medir la temperatura, un índice bursátil mide la salud y el rendimiento del mercado de valores en su totalidad. Las fluctuaciones del índice reflejan los movimientos de los valores individuales que lo componen y dan una indicación del sentimiento de los inversores y de las perspectivas económicas generales.

B. ETFs

Los ETF son productos financieros que permiten a los inversores adquirir una amplia gama de acciones en una sola compra. A diferencia de las acciones individuales, los ETF permiten a los inversores diversificar sus carteras comprando acciones de varias empresas a la vez.

Los ETF suelen seguir un índice bursátil, como el S&P 500 o el NASDAQ.

He aquí los 10 índices bursátiles más utilizados por los inversores a través el mundo:

- S&P 500 (Standard & Poor's 500) - Estados Unidos
- DJIA (Dow Jones Industrial Average) - Estados Unidos
- NASDAQ Composite - Estados Unidos

- Nikkei 225 - Japón
- FTSE 100 - Reino Unido
- DAX 30 - Alemania
- CAC 40 - Francia
- Hang Seng - Hong Kong
- Shanghai Composite - China
- BSE Sensex - India

Cuando el índice sube, también lo hace el valor del ETF, lo que permite a los inversores ganar dinero. ¡Imagínese que tuviera que comprar cada una de las 500 acciones que componen el índice S&P 500! Necesitaría una fortuna y mucho tiempo para gestionarlo todo...

La ventaja de los ETF es que ofrecen una forma simple y asequible de invertir en bolsa sin tener que comprar acciones individualmente. Los ETF suelen ser muy líquidos, lo que significa que los inversores pueden comprar y vender sus ETF fácilmente.

3. Las ventajas de invertir en bolsa

A. La magia de los dividendos

Los dividendos son pagos que las empresas hacen a sus accionistas (usted, una vez que ha comprado su primera acción) por su participación en la empresa. Los dividendos pueden considerarse como intereses sobre la inversión que ha realizado al comprar acciones de la empresa.

Imagine que ha invertido en una empresa.

Cuando la empresa gana dinero, te da una parte en forma de dividendos. Es una especie de "regalo" para agradecerte que inviertas en su negocio. Los dividendos pueden considerarse una recompensa por tu paciencia y confianza en la empresa.

Los dividendos le ayudan a enriquecerse de varias maneras.

En primer lugar, las empresas que pagan dividendos regularmente suelen considerarse estables y financieramente sólidas, lo que puede aumentar el valor de sus acciones a largo plazo.

Además, los dividendos le permiten recibir un flujo regular de ingresos sin tener que vender sus acciones, lo que le ayuda a acumular riqueza a largo plazo.

No todas las empresas pagan dividendos, y éstos pueden variar en función de los resultados de la empresa.

B. El interés compuesto y su poder

Es cierto, ¡el interés compuesto aumenta tu riqueza a un ritmo exponencial con los años!

El interés compuesto es como un efecto bolo de nieve para su dinero. Cada año, los intereses generados por su dinero se añaden a su capital, y al año siguiente, gana intereses por la suma total. Con el tiempo, ¡los intereses acumulados son cada vez más importantes!

Básicamente, ganas dinero con el dinero que has ganado va. Puede parecer un poco complicado al principio, pero lo importante es recordar que te ayudará a ser cada vez más rico con el tiempo.

¿Invierte en acciones que pagan dividendos? Cada año recibe un poco más de dinero por el aumento del valor de sus acciones. Puedes reinvertir este dinero extra, lo que significa que ganas intereses sobre tus intereses.

Con los años, esto conduce a un crecimiento exponencial de tu capital. Por algo Albert Einstein dijo que el interés compuesto es la octava maravilla del mundo. Por eso, las personas que invirtieron unas pocas decenas de miles de euros hace 20 o 30 años a veces se hacen millonarias hoy en día.

C. Diversificar su patrimonio

Un día, mi hijo de 10 años me preguntó: "Papá, ¿por qué compras acciones de una empresa?".

Le contesté lo siguiente:

"Imagina que tienes una cesta con todo tu dinero dentro. Si inviertes todo tu dinero en solamente una empresa, es como si lo pusieras todo en la misma cesta. Si esa empresa no va bien, tu dinero no estará seguro y podrías perderlo.

En contrario, si inviertes en varias empresas, es como poner tu dinero en varias cestas diferentes. Aun, si una cesta no va bien, siempre tienes otras cestas que pueden compensar la pérdida y proteger tu dinero.

Puedes invertir en bolsa en cualquier momento y en cualquier lugar del mundo, lo que significa que puedes elegir las mejores oportunidades para ti en cualquier momento. ¡Ya no estás limitado por un montón de frenos!

Invertir en bolsa ofrece la oportunidad de diversificar sus activos. En lugar de invertirlo todo en un único sector o país (como suele ocurrir con la inversión inmobiliaria), puede invertir en acciones o ETF de distintos sectores y países. Así reducirá el riesgo global, por que si una de sus inversiones tiene problemas, las demás podrán compensar esa pérdida.

Por último, invertir en bolsa le ofrece una gran flexibilidad. Puede invertir en cualquier lugar del mundo, lo que le da acceso a una amplia serie de oportunidades de inversión. No estás limitado por un el lugar físico de las empresas.

4. Las reglas de oro para hacerse rico en bolsa

A. Infórmese

El conocimiento es la clave del éxito en el mercado de valores. Es importante comprender los mecanismos del mercado, los distintos tipos de acciones, los indicadores económicos y financieros, etc. Además de este libro, existen muchos recursos en línea que le ayudarán a aprender y desarrollar sus conocimientos en este ámbito.

Aquí están algunos sitios web fiables en francés que le ayudarán a saber más sobre la inversión en bolsa:

- Investing.com España
- Rankia
- Bolsa de Madrid
- Expansión - Mercados
- Cinco Días - Bolsa

Cuando se trata de finanzas, ¡los americanos siempre nos llevan ventaja! Si te manejas bien con el inglés, hay sitios muy eficaces en el mercado anglófono.

→ No olvides consultar la sección "Fuentes" al final del libro, que incluye todos los sitios web cuyo hablo en este libro.

Aquí están los mejores:

- Invertir.com
- Morningstar
- S&P Global Ratings
- Yahoo Finance
- NASDAQ
- Motley Fool
- Seeking Alpha
- Forbes

B. Establezca sus objetivos

Si quiere tener éxito en bolsa, debe tener una visión clara de lo que quiere conseguir. Para ello, te recomiendo que fijes primero tus objetivos financieros.

Quizá quiera ahorrar dinero para una jubilación cómoda. Tal vez simplemente quiera diversificar su cartera y prepararse para el futuro. Sea cual sea el motivo, determinar claramente sus objetivos esta un primer paso crucial para tener éxito en el mercado de valores. Saber lo que quiere conseguir le ayudará a tomar decisiones con conocimiento de causa y orientar su estrategia en consecuencia.

Aquí tenemos algunas preguntas que debe hacerse para encontrar su objetivo de inversión:

- ¿Cuál es mi horizonte de inversión (a corto, medio o largo plazo)?
- ¿Quiero acumular riqueza para la jubilación?

- ¿Quiero hacer de la inversión en bolsa una fuente pasiva de ingresos?
- ¿Quiero diversificar para minimizar el riesgo?
- ¿Cuál es mi tolerancia al riesgo?
- ¿Cuánto quiero invertir?
- ¿Quiero invertir en causas éticas o sostenibles?

C. Elabore su estrategia de inversión

¿Comprará acciones individuales para tener un control más directo de su cartera, o preferirá invertir en ETF para tener un enfoque más diversificado?

Esta elección dependerá de sus objetivos financieros, su tolerancia al riesgo y su experiencia de inversión en bolsa.

Es crucial no dispersarse demasiado y elegir una estrategia de inversión que se adapte a ti.

Cada inversor tiene unos objetivos diferentes y una tolerancia al riesgo única. Por eso es importante dedicar tiempo a pensar a su estrategia personal.

Hay muchas formas de inversión en bolsa, pero es fundamental elegir una estrategia que se adapte a ti.

Digo esto porque cuando uno está empezando, no se realiza necesariamente de que hay docenas y docenas de estrategias diferentes. Por ejemplo, puede:

- Inviertir en ETF para diversificar al máximo

- Invertir en empresas extranjeras
- Utilizar las opciones para aprovechar de la volatilidad del mercado
- Invertir en empresas que producen bienes o servicios a escala mundial
- Invertir en sociedades especializadas en el sector inmobiliario (sociedades inmobiliarias cotizadas)
- Invertir en empresas prometedoras
- Y así sucesivamente.

Podría seguir y seguir. En los próximos capítulos veremos juntos cómo crear una cartera y una estrategia adecuadas para ti.

D. Controle sus inversiones

Supervisar sus inversiones es crucial para alcanzar sus objetivos financieros. Es importante supervisar su cartera y estar preparado para ajustar su estrategia en función de las condiciones del mercado. No se deje llevar por las emociones; sea objetivo y analítico para maximizar sus posibilidades de éxito.

Las fluctuaciones del mercado pueden ser estresantes, pero es importante mantenerse "neutral" para maximizar las posibilidades de éxito. Evite dejarse llevar por el miedo cuando sus inversiones bajen, o por la excitación cuando suban. Tenga en cuenta su estrategia de inversión y sus objetivos financieros, y no tome decisiones impulsivas basadas en emociones del momento.

Personalmente, en mi CVO, he tenido ya acciones que fluctúan salvajemente.

Invertí en una empresa llamada SL Green Realty Corp (ticker NYSE: SLG) ¡que perdió el 51% de su valor!

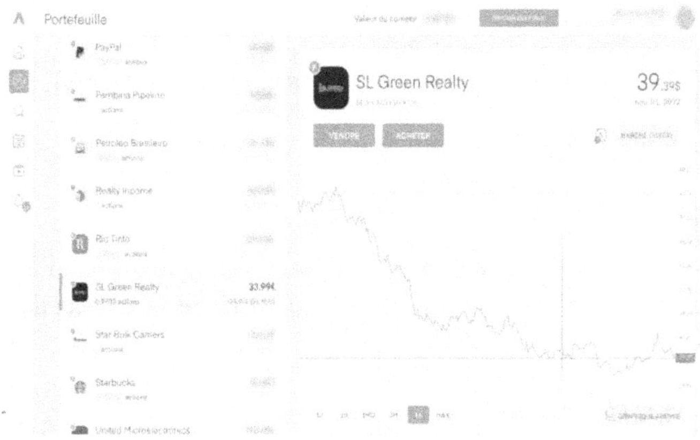

La mayoría de los inversores novatos habrían vendido esta posición, pero yo la mantuve porque estoy convencido de que, a largo plazo, esta empresa seguirá creciendo.

La empresa es un actor importante en su sector. Además, se encuentra en un sector que satisface una necesidad humana vital: el alojamiento. Todos estamos de acuerdo en que no vamos a dejar de vivir en casas a corto plazo.

E. Tenga paciencia

Invertir en bolsa no es una carrera, ¡es un maratón!

Los grandes ganadores en bolsa son los que permanecen en el mercado durante muchos años. La paciencia es una virtud para triunfar en bolsa, así que mantente centrado en tus objetivos a largo plazo y no cedas a tus impulsos.

Warren Buffett está considerado como uno de los mayores inversores bursátiles de todos los tiempos y uno de los hombres más ricos del mundo. Durante usted viajees evidente que lo oirás todo sobre él.

Es Consejero Delegado de Berkshire Hathaway, una sociedad de inversión multisectorial con sede en Nebraska. Es conocido por su enfoque a largo plazo de la inversión, centrado en empresas infravaloradas con un fuerte potencial de crecimiento a largo plazo. Buffett es citado a menudo por sus sólidas máximas financieras y de inversión.

Aquí están algunas de sus citas sobre la paciencia en la inversión:

- "La inversión es una carrera de fondo, no un sprint".
- "La paciencia es una cualidad esencial para los inversores a largo plazo".
- "Invertir con éxito requiere paciencia a largo plazo, ausencia de miedo y ausencia de codicia".
- "El secreto del éxito en bolsa es fijar objetivos claros y no dejar que las emociones influyan en sus decisiones".

Invertir en bolsa puede tener tiempo en generar significativos beneficios, así que sea paciente y concéntrese en sus objetivos a largo plazo.

5. ¿Qué influye el mercado de valores?

A. La política

Decisiones del Gobierno

No hay que ignorar el impacto de las políticas gubernamentales en el mercado de valores. Las decisiones tomadas por los gobiernos tienen a veces un impacto directo en las empresas. Por ejemplo, una reducción del gasto público puede provocar una caída de la demanda de algunos productos y servicios, lo que puede repercutir en los beneficios de las empresas.

Del mismo modo, las nuevas normativas pueden aumentar los costes para algunas empresas.

Ejemplo

Un Gobierno anuncia una reducción del gasto público, en particular en el ámbito del transporte.

Este anuncio repercutirá en las empresas proveedoras de material de transporte público. Con la reducción del gasto público en este ámbito, estas empresas sufrirán un descenso de los pedidos y, por tanto, verán bajar sus beneficios....

B. La Fed

Se necesita una definición

La Fed, o Reserva Federal, es el banco central de Estados Unidos. Es responsable de la política monetaria, lo que significa que gestiona la cantidad de dinero en circulación en la economía estadounidense. La Fed también se encarga de regular el sistema financiero. En resumen, es una institución muy importante para la economía estadounidense y para los mercados financieros de todo el mundo.

Ah, la Fed...

Este banco central estadounidense tiene un impacto considerable en los mercados bursátiles mundiales. No se imagina hasta qué punto los inversores de todo el mundo están pendientes de cada uno de sus movimientos.

En efecto, cuando la Reserva Federal toma medidas como la subida de los tipos de interés, desencadena reacciones en cadena en los mercados bursátiles mundiales. Los inversores pueden ponerse nerviosos y vender rápidamente sus acciones, lo que puede provocar una caída de los precios.

Por otra parte, si la Reserva Federal toma medidas de apoyo a la economía, como inyectar liquidez o recortar los tipos de interés, puede estimular el crecimiento económico y apoyar a los mercados bursátiles.

En resumen, la Fed es un actor clave en el mundo de las finanzas y sus decisiones tienen un gran impacto en los mercados bursátiles mundiales. Por lo tanto, los inversores deben prestar mucha atención a sus movimientos para tomar decisiones de inversión informada.

C. Condiciones económicas

La recesión...

Si la economía de un país está en recesión, las empresas ven bajar sus ventas y beneficios, lo que a menudo provoca una caída de su valor bursátil...

Tomemos, por ejemplo, la actual situación económica de España. Con el COVID-19, la economía española entró en recesión, lo que provocó una caída de la demanda de muchos productos y servicios. Las empresas que dependen del consumo de los hogares, como los comercios minoristas, se han visto especialmente afectadas. Las acciones de estas empresas cayeron en consecuencia.

¿Hay alguna forma de evitar este problema?

¡Sí, hay una manera!

Al invertir en empresas que pueden resistir condiciones económicas difíciles, puede minimizar los riesgos para su cartera.

Entenderá por qué le invito a plantearse las siguientes preguntas en el capítulo 4:

- ¿Está en condiciones de hacer frente a una recesión económica (crisis sanitaria, crisis internacional, etc.)?
- ¿Está diversificada y vende en todo el mundo?

Si se hace estas preguntas y elige sus activos bursátiles en consecuencia, podrá minimizar el impacto de las condiciones económicas.

Capítulo 2:

Todo lo que debe saber sobre las cuentas de valores

---

1. CVO frente a PEA

A. Definiciones

La CVO

Una CVO es una cuenta de corretaje que permite comprar y vender acciones, bonos y otros productos financieros. Son geneatlmente utilizado por los inversores que compran y venden a menudo valores estadounidenses o internacionales.

El PEA

El PEA es una cuenta especialmente diseñada para los inversores franceses. Ofrece atractivas ventajas fiscales, pero tiene límitessobre el número de acciones que puede comprar y el tiempo que puede mantenerlas.

Ahora que hemos establecido las definiciones básicas, sigamos analizando las principales diferencias entre CVO y PEA.

B. CVO y PEA: usos diferentes

La CVO

La cuenta de valores ordinaria (CVO) es una cuenta de inversión que permite a los inversores comprar productos financieros sin las ventajas fiscales de la PEA en Francia. Por lo tanto, los inversores pueden mantener valores en esta cuenta a largo plazo, incluso en una perspectiva de inversión "Buy and Hold", como hace Warren Buffett.

La CVO es menos eficiente fiscalmente que la PEA para los inversores franceses, debido a la tributación de las plusvalías y los dividendos. Por eso es importante conocer las ventajas e inconvenientes de cada tipo de cuenta de inversión antes de elegir la que mejor se adapte a sus objetivos financieros.

El PEA

El PEA (« Plan Épargne en Action » ➜ Plan de ahorro en acciones) es una cuenta para invertir en renta variable europeana. Su objetivo es animar a los inversores franceses a mantener sus inversiones durante un periodo prolongado, ofreciéndoles una exención fiscal sobre los beneficios realizados.

2. Ventajas e inconvenientes de la CVO

A. Ventajas del CVO

- Flexibilidad: a diferencia de un PEA, que está reservado a la renta variable europea, un CVO le permite invertir en una amplia variedad de renta variable internacional, lo que ofrece una mayor diversificación y la posibilidad de aprovechar oportunidades de inversión en todo el mundo. Hay muchos países que ofrecen rentabilidades muy atractivas y oportunidades que no se encuentran en Europa...

- Sin límite de inversión: el PEA tiene un límite de pago anual. El CVO no tiene límite de inversión, ¡así que puedes invertir todo lo que quieras!

- Libre gestión: a diferencia de los seguros de vida conocidos, el CVO ofrece una gran libertad de gestión, permitiéndole personalizar su cartera en función de sus objetivos de inversión y de su perfil de riesgo.

B. Desventajas del CVO

- Impuesto sobre los beneficios a la fuente.

- No hay reducción fiscal para las inversiones en CVO.

- Menos protección en caso de quiebra. Esta desventaja debeser matizado, porque depende de la jurisdicción del agente que tenga su CVO. Si utiliza corredores estadounidenses o británicos, hay menos posibilidades de quiebra. Además, si es titular de un PEA, el corredor también puede quebrar. ¡Nada en la vida es 100% seguro!

3. Ventajas e inconvenientes de la PEA

A. Ventajas del PEA

- Las ganancias obtenidas dentro de un PEA están exentas del impuesto sobre los beneicios y del impuesto sobre dividendos.

- A diferencia de otros planes de ahorro, un PEA no tiene una duración limitada, lo que significa que los inversores pueden dejar su dinero invertido todo el tiempo que deseen.

B. Desventajas de la PEA

- Sólo está disponible para inversores franceses...

- Limitaciones de los importes: el PEA está limitado a 150.000 euros por persona (a excepción del PEA-PYME, que está limitado a 225.000 euros), lo que no resulta adecuado para los inversores que deseen invertir una suma más importante.

- Las ventajas fiscales que ofrece un PEA están vinculadas a un periodo mínimo de inversión. Si se retira de su PEA antes del periodo mínimo de 5 años, perderá sus ventajas fiscales....

- El PEA se limita a acciones de empresas francesas y europeas, lo que limita las opciones y la diversificación. Por eso me gusta el CVO, porque no quiero privarme de algunas oportunidades increíbles.

4. ¿Quién puede abrir un CVO?

A. Criterios de admisibilidad por país

España

Los criterios de admisibilidad para abrir una CVO son los siguientes:

- Ser mayor de edad (18 años).
- Tener plena capacidad legal para contratar.
- Ser residente en España o poseer NIE (Número de Identidad de Extranjero) en caso de no residentes.
- Presentar un documento de identidad válido (DNI para residentes, pasaporte o NIE para no residentes).
- Proporcionar un justificante de domicilio actualizado.
- Completar el formulario de apertura de cuenta y cumplir con los requisitos de conocimiento y experiencia del cliente que establece la CNMV (Comisión Nacional del Mercado de Valores).

México

- Ser mayor de edadSer mayor de edad (18 años).
- Poseer CURP (Clave Única de Registro de Población) y RFC (Registro Federal de Contribuyentes).
- Proporcionar identificación oficial vigente (INE para nacionales, pasaporte para extranjeros).
- Comprobar domicilio en México con un comprobante reciente.
- Llenar los formularios correspondientes para la apertura de cuenta en la casa de bolsa o banco de preferencia.
- Cumplir con las políticas de "Conoce a tu cliente" (KYC) y anti-lavado de dinero (AML).

Estados Unidos

- Ser mayor de edad, que puede ser 18 o 21 años según el estado.
- Tener un número de Seguro Social (SSN) o un ITIN (Número de Identificación del Contribuyente Individual) para extranjeros.
- Proporcionar una identificación válida, como un pasaporte o una licencia de conducir.

- Contar con una dirección postal en los Estados Unidos.

- Completar los formularios de apertura de cuenta de la institución financiera y cumplir con las regulaciones FINRA (Autoridad Reguladora de la Industria Financiera) y SEC (Comisión de Bolsa y Valores) respecto a la verificación de la identidad y el origen de los fondos.

Argentina

- Ser mayor de edad (18 años).

- Tener CUIL o CUIT (Código Único de Identificación Laboral o Tributaria).

- Presentar un DNI (Documento Nacional de Identidad) vigente.

- Acreditar un domicilio en Argentina con una factura de servicio o certificado de domicilio.

- Completar los formularios de apertura de cuenta de una sociedad de bolsa o entidad financiera autorizada por la CNV (Comisión Nacional de Valores).

- Cumplir con las normativas de prevención de lavado de activos y financiamiento del terrorismo, proporcionando la documentación necesaria que respalde el origen de los fondos.

Colombia

- Ser mayor de edad (18 años).
- Poseer cédula de ciudadanía para nacionales o cédula de extranjería para residentes extranjeros.
- Tener un NIT (Número de Identificación Tributaria) en caso de ser necesario para efectos fiscales.
- Presentar un comprobante de residencia o domicilio.
- Diligenciar los formularios de apertura de cuenta en una comisionista de bolsa o entidad financiera supervisada por la Superintendencia Financiera de Colombia.
- Atender los procedimientos de conocimiento al cliente (KYC) y reporte de operaciones sospechosas (ROS) en línea con las leyes colombianas sobre lavado de activos y financiación del terrorismo.

B. Tenga en cuenta que las condiciones pueden variar.

Los criterios para abrir una cuenta de valores varían según el país en el que resida.

Las condiciones cambiantes pueden estar relacionadas con:

- la edad mínima exigida,
- nacionalidad,

- la residencia,
- requisitos de depósito mínimo,
- etc.

Tómese su tiempo para comprobar estos detalles con su entidad financiera. Y no olvides que las leyes cambian.

Además, aunque hehechado invesigaciones muy exhaustiva, no soy abogado fiscalista ni experto jurídico. Debes investigar por ti cuenta o buscar ayuda profesional si es necesario.

C. Fondo de Garantía de Depósitos

El fondo de garantía de depósitos es una institución que protege a los inversores en caso de quiebra de su corredor o banco.

En España

El Fondo de Garantía de Depósitos de Entidades de Crédito protege los depósitos de los inversores hasta un máximo de 100.000 euros por titular y entidad. Esta protección cubre los depósitos en dinero y valores representativos de deuda, garantizando así la seguridad de los fondos de los clientes en caso de falla de la entidad financiera.

En México

El Instituto para la Protección al Ahorro Bancario (IPAB) es el organismo encargado de gestionar el fondo de garantía de depósitos en México. Este fondo asegura los depósitos de los clientes hasta un monto equivalente a 400,000 Unidades de Inversión (UDIs) por persona por banco, lo que ofrece una cobertura sustancial frente a la posibilidad de insolvencia bancaria.

En Estados Unidos

La Corporación Federal de Seguros de Depósitos (FDIC) asegura los depósitos de los inversores en los Estados Unidos hasta $250,000 por depositante, por entidad asegurada, para cada categoría de titularidad de cuenta. Esta cobertura incluye cuentas de cheques, cuentas de ahorro, certificados de depósito (CD) y fondos en cuentas de jubilación.

En Argentina

El Fondo de Garantía de los Depósitos (FGD) es administrado por la Corporación de Fomento del Mercado de Capitales (CORMECAP). Este fondo protege los depósitos en pesos y en moneda extranjera hasta un máximo de $450,000 por persona en cada entidad financiera. El FGD garantiza una compensación rápida en caso de que alguna entidad financiera miembro sufra una situación de insolvencia.

En Colombia

El Fondo de Garantías de Instituciones Financieras (FOGAFIN) asegura los depósitos de los clientes hasta un máximo de 50 millones de pesos por depositante en cada entidad financiera. Esta protección contribuye a mantener la confianza en el sistema financiero y garantiza la seguridad de los recursos financieros de los inversores.

Capítulo 3:

Comprender fácilmente la renta variable y los ETF

1. Las acciones

A. ¿Cómo acciones generan riqueza?

Para entender cómo la renta variable genera riqueza, es importante comprender cómo las empresas crean riqueza.

Una empresa crea riqueza produciendo y/o vendiendo productos o servicios que son demandados por los consumidores.

Si una empresa obtiene beneficios, tenderá a atraer a más inversores, lo que puede aumentar el valor de sus acciones.

Por ejemplo, si una empresa tiene grandes beneficios y crece rápidamente, los inversores estarán dispuestos a pagar un precio más alto por sus acciones.

Pero, no siempre es así y, como con todo en la vida, hay que tener cuidado.

Por ejemplo, Spotify. Aunque es muy popular entre los usuarios, su modelo economicono le permite aún de obtener beneficios.

Sin embargo, el precio de sus acciones ha subido y bajado en consonancia con el entusiasmo del mercado por la empresa. Tenga en cuenta que los movimientos del precio de las acciones no siempre reflejan la salud financiera de la empresa. Lo mejor es evitar seguir ciegamente las tendencias e investigar por su cuenta antes de invertir en una empresa.

Como puede ver, los resultados netos (beneficios netos de la empresa) son catastróficos (enmarcado en rojo).

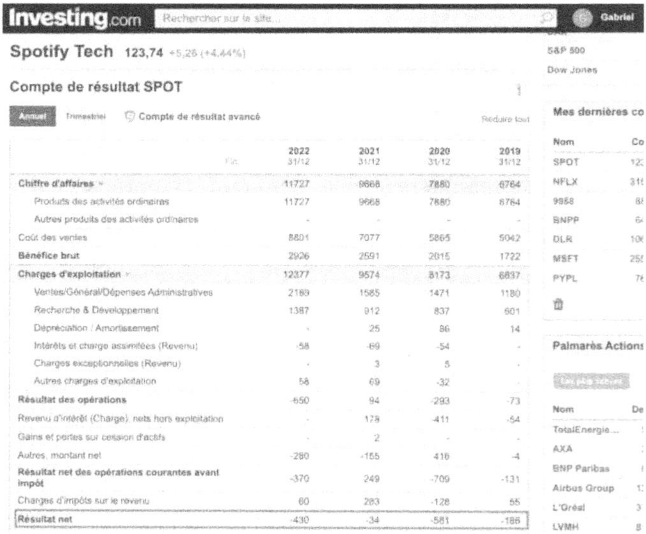

Investing.com

Spotify Tech 123,74 +5,26 (+4,44%)

Compte de résultat SPOT

Annuel | Trimestriel | Compte de résultat avancé

Fin	2022 31/12	2021 31/12	2020 31/12	2019 31/12
Chiffre d'affaires	11727	9668	7880	6764
Produits des activités ordinaires	11727	9668	7880	6764
Autres produits des activités ordinaires	-	-	-	-
Coût des ventes	8801	7077	5865	5042
Bénéfice brut	2926	2591	2015	1722
Charges d'exploitation	12377	9574	8173	6837
Ventes/Général/Dépenses Administratives	2189	1585	1471	1180
Recherche & Développement	1387	912	837	601
Dépréciation / Amortissement	-	25	86	14
Intérêts et charge assimilées (Revenu)	-58	-69	-54	-
Charges exceptionnelles (Revenu)	-	3	5	-
Autres charges d'exploitation	58	69	-32	-
Résultat des opérations	-650	94	-293	-73
Revenu d'intérêt (Charge), nets hors exploitation	-	178	-411	-54
Gains et pertes sur cession d'actifs	-	2	-	-
Autres, montant net	-280	-155	416	-4
Résultat net des opérations courantes avant impôt	-370	249	-709	-131
Charges d'impôts sur le revenu	60	283	-128	55
Résultat net	-430	-34	-581	-186

B. Ventajas e inconvenientes de las acciones

Las ventajas de las acciones

- Crecimiento: las acciones permiten a los inversores invertir en empresas que están en desarollo, lo que significa que el valor de la acción aumenta con el tiempo, ¡y también su capital!

- Dividendos: Los dividendos son una fuente de ingresos para los inversores. También son una forma eficaz de aumentar significativamente el capital de los inversores a largo plazo, gracias al efecto del interés compuesto.

- Diversificación: la renta variable permite a los inversores diversificar su cartera y reducir su riesgo global. ¡Puedes comprar acciones de cualquier país del mundo!

- Liquidez: las acciones se consideran activos líquidos, lo que significa que son fáciles de comprar y vender en los mercados financieros. No ocurre lo mismo con otras inversiones, como las inmobiliarias, en las que hay que esperar meses antes de poder vender una propiedad.

- Creación de riqueza a largo plazo: las acciones suelen considerarse una compra a largo plazo y son una buena forma de crear riqueza a largo plazo.

Las desventajas de las acciones

- Riesgos financieros: invertir en renta variable implica riesgos financieros, ya que las empresas pueden sufrir pérdidas o un declive de su actividad.

- Volatilidad: algunas acciones son volátiles, lo que significa que sus valores varían considerablemente en un solo día o también en unas pocas horas. No te preocupes, en un capítulo posterior veremos cómo minimizar el riesgo para que tus inversiones sean lo más rentables posible.

- Liquidez: algunas acciones (las de pequeñas empresas) pueden ser difíciles de vender rápidamente. No te preocupes, si sigues los criterios que te daré a continuación, no te molestarán los problemas de liquidez.

- Complejidad: a veces es difícil para los principiantes entender la información financiera de las empresas. Pero yo estoy aquí para hacértelo más fácil.

C. Diferencias entre acciones de grandes y pequeñas empresas

Acciones de grandes empresas

Las acciones de las grandes empresas suelen considerarse más estables por las siguientes razones:

- Pertenecen a empresas consolidadas con un historial de resultados financieros satisfactorios.
- Tienen generalmente clientes en varios países del mundo, ya que son auténticas multinacionales.
- Tienen un flujo de caja considerable, activos sustanciales y productos/servicios ampliamente conocidos en el mercado.

Sin embargo, el potencial de crecimiento de las acciones de las grandes empresas suele ser más limitado que el de las pequeñas, por las siguientes razones:

- A menudo ya han alcanzado cierta madurez en el mercado, lo que puede dificultar su expansión.
- Las decisionestienen más tiempo en tomarse en estas empresas debido a su compleja estructura jerárquica.

Acciones de pequeñas empresas

A menudo se considera que las acciones de pequeñas empresas tienen un mayor potencial de crecimiento que las acciones de grandes empresas. Esto se debe en gran medida a su margen de crecimiento.

Sin embargo, este potencial de crecimiento suele ir acompañado de un mayor riesgo, ya que estas empresas aún no tienen un "buen historial financiero". Como su futuro financiero es aún incierto, invertir en estos valores es más arriesgado.

D. Acción de crecimiento frente a acción de dividendos

¿Cuál es la diferencia?

En general, existen dos tipos de acciones que se pueden comprar en bolsa:

1. iniciativas de crecimiento
2. acciones con dividendos

Las diferencias entre los 2 parecen sutiles, pero son muy importantes para comprender su potencial de rendimiento.

Las acciones de crecimiento son acciones de empresas que todavía están invirtiendo mucho en su desarrollo para crecer y expandir su negocio. En general, todavía no han empezado a repartir dividendos a los accionistas, pero esto no es así en todos los casos. Pueden tener un mayor potencial de revalorización.

Aquí están algunos ejemplos que probablemente conozca:

- Manzana
- Facebook
- Tesla
- Netflix
- Uber
- Airbnb
- Zoom

En esta lista, ¡sólo Apple paga dividendos a sus accionistas!

Las acciones con dividendos, por su parte, son acciones de empresas más consolidadas que distribuyen regularmente parte de sus beneficios a los accionistas en forma de dividendos. Este tipo de acciones ofrece una fuente regular de ingresos, pero su valor no suele aumenta tanto como el de las acciones de crecimiento.

Aquí están algunos ejemplos que probablemente conozca:

- Coca-Cola
- Telefónica
- Iberdrola
- Mc Donald's Corporation

- Nestlé
- Johnson & Johnson

¿Busca una fuente de ingresos regular?
➔ ¡Las acciones con dividendos son unelección judicioso!

¿Quiere apostar por la revalorización de una acción?
➔ ¡Las acciones de crecimiento son mejores para ti!

Mi consejo

Para empezar, te recomiendo que te concentres en las acciones con dividendos. Estas empresas están mucho más consolidadas y es menos probable que pierdas tu capital.

Cuando tenga más confianza, podrá comprar acciones de crecimiento.

Ninguna acción es mejor que otra. Sólo depende de tu estrategia. Personalmente, tengo más acciones de dividendos que de crecimiento, ¡pero invierto en ambas!

E. Obligaciones

No voy a hablar demasiado de ellas, ya que no son activos financieros que yo utilice. Pero te daré una rápida introducción a este tipo de inversión.

Los bonos son títulos financieros emitidos por gobiernos o empresas.

¿Cómo funcionan?

Usted presta dinero al emisor del bono durante un período fijo. Al final de este periodo, el emisor le devuelve su capital con intereses. Los bonos se consideran más seguros que las acciones porque ofrecen un tipo de interés fijo garantizado.

Sin embargo, los bonos también presentan riesgos. Si el emisor del bono no puede devolver el préstamo, usted pierde su capital. Además, si los tipos de interés suben, los bonos pierden valor. Por lo tanto, es importante prestar atención a la calidad del emisor del bono antes de realizar una inversión.

Como he mencionado antes, no soy un gran fan de los bonos y rara los utilizo en mi cartera de inversiones.

2. ETFs

A. ¿Qué son los ETF y cómo funcionan?

¿Qué es un ETF?

Un ETF (Exchange-Traded Fund) es un fondo cotizado que permite a los inversores comprar una cesta de activos, como acciones, bonos o materias primas, sin tener que comprarlos individualmente.

Los ETF suelen utilizarse para diversificar una cartera, y su estructura facilita su compra y venta en bolsa.

¿Cómo funcionan?

Son atractivas para quienes buscan diversificar su cartera de inversiones de forma sencilla.

Los ETF son gestionados por una sociedad gestora de fondos. A continuación, las participaciones en ETF se venden a los inversores en las distintas bolsas de valores.

Los ETF se negocian como acciones ordinarias, lo que significa que los inversores pueden comprarlos y venderlos en cualquier momento durante el horario de negociación.

Además, los ETF suelen ser menos caros que los fondos de inversión tradicionales, porque no tienen comisiones de gestión elevadas, lo que los convierte en una opción ventajosa para todos los inversores.

B. Ventajas e inconvenientes de los ETF

Las ventajas de los ETF

- Bajo coste: suelen ser menos caros que los fondos de inversión debido a su estructura sencilla.

- Flexibilidad: los ETF pueden comprarse o venderse en cualquier momento durante el horario de negociación del mercado, lo que los convierte en una opción flexible para los inversores.

- Diversificación: permiten a los inversores diversificar sus carteras invirtiendo en una amplia gama de activos, reduciendo así el riesgo.

- Transparencia: los gestores de ETF están obligados por ley a publicar información periódica sobre sus ETF, para que los inversores sepan exactamente dónde está su dinero.

- Facilidad de uso: son accesibles para los principiantes en inversión.

Las desventajas de los ETF

- Gastos adicionales: algunos ETF pueden tener gastos adicionales, como comisiones de gestión, de transacción y de seguimiento, que reducen la rentabilidad total de la inversión.

- Liquidez limitada: algunos ETF tienen una liquidez limitada, lo que dificulta la venta rápida cuando se necesita.

- Inadecuación: pueden estar sujetos a desequilibrio si los gestores no han realizado un seguimiento correcto de los activos, lo que puede provocar una pérdida de valor para el inversor.

- Complejidad: algunos ETF son más complejos que la acción y exigen un conocimiento profundo de los fundamentos para utilizarlos con eficacidad.

C. Cómo invertir en ETF

1. Evalúe su perfil de inversor: determine sus objetivos de inversión, su tolerancia al riesgo y su horizonte temporal de inversión.

2. Busque ETF que se ajusten a sus objetivos de inversión.

3. Comprar ETFs: una vez que haya abierto su CVO, puede comprar ETFs directamente.

4. Una vez que haya comprado ETF, supervise periódicamente su cartera y adapte su estrategia en función de sus objetivos.

Tenga en cuenta que las inversiones en ETF están sujetas a comisiones de corretaje y otros costes, por lo que es importante tenerlos en cuenta antes de tomar una decisión de inversión.

Capítulo 4:

Encontrar las mejores acciones

---

1. Análisis fundamental de las empresas

A. ¿Cuáles son los indicadores clave que hay que controlar?

En mi opinión, el estudio de los resultados financieros es la base del proceso de selección de valores.

Tómese su tiempo para "hacersus deberes", examinar la empresa y asegurarse de que la entiende antes de tomar una decisión. Esto es clave para encontrar las mejores acciones para su cartera y le ayudará a evitar correr riesgos innecesarios.

Generalmente, cuando hablamos de los indicadores clave que hay que ser vigilante para evaluar los resultados financieros de una empresa, oímos hablar de ventas, beneficios netos, márgenes de beneficios, crecimiento de las ventas, posición financiera (liquidez, deuda), rentabilidad de los activos y acciones. Sin embargo, en mi opinión, hay indicadores mucho más relevantes para determinar si me interesa o no una acción.

B. Los indicadores clave que utilizo para invertir

Un indicador (también conocido como ratio) representa una característica financiera de una empresa.

Los inversores la utilizan para tomar decisiones informadas antes de invertir.

Aquí son algunas preguntas que debe hacerse antes de centrarse en los ratios financieros:

- ¿Conozco los productos y servicios que ofrece la empresa?
- ¿Estoy convencido de que la empresa seguirá funcionando en 20 años?
- ¿Dispone de una ventaja competitiva sostenible?
- ¿Está capaz de hacer frente a una recesión económica (guerra, crisis sanitaria, crisis internacional, etc.)?
- ¿Está diversificada y vende en todo el mundo?

Una vez que te hayas hecho estas preguntas, puedes pasar al estudio de los ratios.

Me gustaría dejar claro que no existe una respuesta "correcta o incorrecta". Algunos inversores comprenden fácilmente los servicios que ofrece una empresa, mientras que otros no. Algunos inversores están convencidos de que una acción seguirá existiendo en 20 años, mientras que otros no.

Veamos ahora los ratios. Para ayudarte, aquí tienes la lista que yo utilizo para determinar si invierto o no en una acción.

Capitalización superior a 500 millones de dólares

La capitalización bursátil es un indicador clave del valor de una empresa en el mercado. Por ejemplo, si una empresa tiene 1 millón de acciones en circulación y el precio de la acción es de 50 euros, su capitalización bursátil sería de 50 millones de euros (1 millón de acciones x 50 euros por acción).

Una empresa con una capitalización bursátil superior a 500 millones de dólares se considera más sólida porque tiene un mayor número de acciones en circulación, lo que significa una mayor estabilidad financiera y una mejor capacidad para generar ingresos.

Las empresas con una elevada capitalización bursátil suelen tener un sólido historial financiero. Este indicador es sólo un elemento a tener en cuenta; es importante consultar otros datos financieros para tomar una decisión de inversión informada.

Eso es justo lo que vamos a ver a continuación.

Más del 5% de los dividendos pagados cada año

Invertir en acciones que pagan dividendos regularmente es una forma de generar ingresos pasivos a largo plazo.

Si recibe dividendos cada año y los reinvierte en acción, se beneficia del efecto compuesto, que aumenta considerablemente su capital a largo plazo.

Por eso considero que las acciones que pagan dividendos superiores al 5% anual son más atractivas para mi cartera.

Ningún recorte o reducción de dividendos durante al menos 5 años

El pago regular de dividendos es un indicador clave de los resultados financieros de una empresa.

Las empresas que llevan pagando dividendos al menos 5 años sin interrupción ni reducción son más fiables. La empresa tiene beneficios suficientes para seguir creciendo, ¡sin dejar de distribuir parte de sus beneficios a los inversores!

Cuanto más tiempo lleva una empresa repartiendo dividendos, más fiable y de mayor cualidad, los inversores la consideran.

Dividend Kings

Los "dividendos del rey" son empresas que han aumentado sus dividendos cada año durante al menos 50 años.

Las empresas "reinas del dividendo" son negocios sólidos, establecidos y reconocidos. Son atractivas para inversores que buscan generar ingresos regulares.

Aquí está una lista no exhaustiva de empresas reinas de los dividendos:

- Johnson & Johnson (JNJ)
- Procter & Gamble Co (PG)
- Coca-Cola Co (KO)
- PepsiCo Inc (PEP)
- Walmart Inc (WMT)
- McDonald's Corp (MCD)
- Colgate-Palmolive Co (CL)
- ExxonMobil Corp (XOM)
- Chevron Corp (CVX)
- AT&T Inc (T)

En el momento de escribir estas líneas, algunas empresas pueden haber abandonado la clasificación, mientras que otras pueden haber ascendido. Compruébelo usted mismo.

Las empresas "reinas de los dividendos" pueden también tener algún día dificultades financieras o recortar sus dividendos en caso de dificultades económicas. En ese momento, la empresa deja de estar clasificada como "rey de los dividendos".

Así que le toca a usted ser vigilante con la evolución estas empresas.

Crecimiento constante de los dividendos de al menos un +4% anual

Una tasa constante de crecimiento de los dividendos de al menos un +4% anual es un indicador importante de la capacidad de una empresa para mantener un alto nivel de pago de dividendos a lo largo del tiempo.

Esta tasa refleja la capacidad de la empresa para mantener unos sólidos resultados financieros, lo que demuestra su capacidad para seguir pagando dividendos a sus accionistas a un ritmo que no ha dejado de aumentar con los años.

Invertir en una empresa que no puede mantener un crecimiento constante de dividendos es arriesgado a largo plazo.

Un ratio de pago inferior al 60%.

El ratio de reparto se calcula dividiendo los dividendos pagados por la empresa entre su beneficio neto.

Ejemplo

Una empresa obtiene un beneficio neto de 500.000 euros y decide adoptar un ratio de reparto de dividendos del 50%. El importe total de los dividendos pagados será de 250.000 euros.

→ 500 000 € x 50 % = 250 000 €

El ratio de reparto es de 50%, lo que significa que la empresa paga el 50% de su beneficio neto en forma de dividendos.

Un ratio inferior al 60% indica que la empresa no reparte demasiados beneficios en forma de dividendos, lo que le permite retener suficiente dinero para crecer.

Sin embargo, ¡hay una excepción! Esta excepción se aplica a las sociedades inmobiliarias cotizadas, que necesitan retener una mayor parte de sus beneficios para comprar inmuebles, porque este tipo de sociedades necesitan más fondos propios para desarrollar sus actividades.

Obsérvese que éste también puede ser el caso de las empresas del sector sanitario que tienen importantes necesidades de capital vinculadas a la investigación médica.

Precisión

Las sociedades inmobiliarias cotizadas son empresas que invierten en inmuebles y cotizan en bolsa. Compran y gestionan propiedades, como edificios, casas, oficinas, centros comerciales o pisos, para generar ingresos por alquiler. Las acciones de estas empresas son atractivas para los inversores que quieren "comprar bienes inmuebles" sin los inconvenientes.

Un RPB de entre el 3 y el 25

El ratio precio/beneficio (RPB) es un indicador que mide la relación entre el precio de las acciones de una empresa y su beneficio por acción (BPA).

Ejemplo

El precio de las acciones de una empresa es de 100 euros y su beneficio por acción (BPA) es de 5 euros. En este caso, el RPB de la empresa sería 20 (100 euros / 5 euros = 20). Esto significa que el mercado está dispuesto a pagar 20 veces el beneficio por acción de la empresa.

Si se compara con otra empresa con una cotización de 50 euros y un BPA de 5 euros, el RPB sería de 10 (50 euros / 5 euros = 10). En este caso, la empresa con un RPB más bajo puede parecer más atractiva para los inversores porque el mercado está dispuesto a pagar menos por cada unidad de beneficio generado por la empresa.

Le recomiendo que tenga en cuenta otros factores y no tome una decisión de inversión basada únicamente sobre el RPB.

Busco invertir en renta variable con un RPB que está entre 3 y 25.

Un RPB inferior a 3 puede significar que la empresa está en dificultades o puede no ser rentable, mientras que un RPB superior a 25 puede significar que la empresa está "sobrevalorada".

Un RPB entre 3 y 25 es un buen compromiso. Permite encontrar valores que ofrecen una buena relación calidad-precio, evitando al mismo tiempo los que se consideran demasiado caros o arriesgados.

Un margen antes de impuestos superior al 13%

Una empresa tiene unas ventas de 500.000 euros y unos beneficios antes de impuestos de 75.000 euros.

Tranquilo, no tendrás que hacer todos los cálculos, porque un sitio como Investing.com los hace por ti.

Aquí está la fórmula para calcular el porcentaje de margen antes de impuestos:

(Beneficio antes de impuestos / Ventas) x 100

En nuestro ejemplo, la tasa de margen antes de impuestos es de:

(75 000 € / 500 000 €) x 100 = 15 %

Por cada euro vendido, la empresa obtiene un beneficio bruto de 15 céntimos.

Si una empresa no tiene margen suficiente para cubrir sus costes, es muy probable que no pueda obtener beneficios. En consecuencia, es probable que deje de pagar dividendos...

¿Por qué el 13% y ninguna otra cifra?

Cuando uno investiga y escucha a los mayores inversores del mundo, esta es una cifra que aparece a menudo.

Menos del 70% de deuda sobre fondos propios

El ratio de endeudamiento de una empresa mide la proporción de deuda respecto a los fondos propios.

Una ratio de endeudamiento superior al 70% es un indicador de empresa arriesgada. Significa que la empresa está demasiado endeudada. Desgraciadamente, podría tener dificultades para reembolsar sus deudas o generar beneficios, lo que significa que existe un mayor riesgo de no recibir dividendos, o peor, de perder su inversión inicial, ¡si la empresa quiebra!

Existe una excepción para las empresas inmobiliarias cotizadas, que suelen estar más endeudadas debido a la compra de bienes inmuebles. En el caso de las empresas inmobiliarias cotizadas, es aceptable un mayor coeficiente de endeudamiento porque disponen de activos tangibles valiosos para compensarlo.

Por eso es importante considerar el coeficiente de endeudamiento en el contexto de cada empresa.

Aumento de los ingresos netos durante 3 años consecutivos

Es un indicador importante de la salud financiera de una empresa. Demuestra que la empresa está creciendo y que sus actividades son rentables.

Este indicador es una señal positiva de que la empresa podrá seguir generando beneficios en el futuro. Muchos inversores olvidaneste ratio. Pero es crucial, porque demuestra que la empresa tiene capacidad para mantener o aumentar el pago de dividendos.

Elija una beta entre 0 y 0,5 sobre 10 años (opcional)

Beta mide la volatilidad de una acción en relación con el mercado en su conjunto. Un valor beta entre 0 y 0,5 significa que la acción es menos sensible a las fluctuaciones del mercado que el mercado en su conjunto.

Esto puede considerarse relevante para los inversores que buscan minimizar su riesgo a largo plazo eligiendo valores de renta variable menos expuestos a los ciclos económicos.

Una empresa hace crecer el dinero prestado al 5% como mínimo (opcional)

Si una empresa toma prestado dinero a un tipo de interés del 2% y es capaz de hacer crecer ese dinero prestado a un ritmo de al menos el 5%, ¡eso significa que obtiene una ganancia del 3% por cada euro prestado!

Por ejemplo, si pide prestados 100.000 euros a un tipo de interés del 2%, pagará 2.000 euros al año en intereses.

Si invierte este dinero prestado en un proyecto que paga el 5%, ganará 5.000 euros al año. La ganancia neta de este crédito será, por tanto, de 3.000 euros al año (5.000 - 2.000 euros).

C. ¡Cuidado!

No quiero que mis lectores se encuentren en una mala situación financiera.

Esta lista no es una lista milagrosa. No debe tomarse como una varita mágica que le ayudará automáticamente a encontrar empresas en las que invertir.

Siempre hay que tener en cuenta otros factores. A veces dejo muy poco margen (y digo muy poco) a mis instintos.

Aunque eso puede ser extraño, a veces el sentido común puede ser un buen aliado. Cuando se trata de dinero e inversión, recomiendo que siempre se tome distancia y se matice lo que se lee. Por ejemplo, que una acción haya tenido un buen comportamiento no significa necesariamente que vaya a seguir teniéndolo en el futuro.

Nadie lee las bolas de cristal y, personalmente, ¡yo no soy Madame Irma! Así que te recomiendo que evites aceptar consejos de personas que te digan que puedes invertir de forma 100% segura en acciones, ETFs o cualquier otro activo.

En general, cuando es demasiado bueno para ser verdad, ¡es porque es demasiado bueno para ser verdad!

2. Análisis técnico de la renta variable

A. Gráficos y tendencias del mercado

El análisis técnico es un método que utiliza datos históricos de precios y volúmenes de acciones para anticipar futuros movimientos de precios. Para los inversores que utilizan este método, los gráficos de acciones son herramientas clave para comprender las tendencias del mercado.

Imagina que estás en un estadio de fútbol y ves cómo el balón pasa de un jugador a otro. Puedes ver los movimientos y las tendencias de cada jugador.

Del mismo modo, en analizando los gráficos de las acciones, puede ver los movimientos y las tendencias del precio y el volumen de estas acciones.

Los inversores que utilizan el análisis técnico buscan patrones y tendencias recurrentes en los gráficos para determinar las mejores oportunidades de inversión. Pueden utilizar indicadores como las medias móviles, las bandas de Bollinger y los indicadores de impulso para tomar decisiones más informadas.

B. Indicadores técnicos

Los indicadores técnicos son herramientas matemáticas que utilizan datos históricos sobre el precio y el volumen de acciones para ayudar a predecir los movimientos futuros.

Utilizando estos indicadores técnicos, podemos evaluar la tendencia del mercado, identificar niveles de soporte y resistencia, detectar señales de compra y venta. Es como tener un radar que te permite de saber hacia dónde se dirigen los precios de las acciones.

El análisis técnico no es una ciencia exacta y no hay garantía de que sus previsiones sean acertadas.

Combinando el análisis técnico con un sólido análisis fundamental, y siendo pacientes y disciplinados en nuestras decisiones de inversión, podemos mejorar nuestros resultados.

Si quiere ser un inversor inteligente, es importante saber leer gráficos y utilizar indicadores técnicos para evaluar valores. Este es un elemento clave para aumentar sus posibilidades de éxito en el mercado de valores.

C. Mi opinión sobre el análisis técnico

No voy a andarme con rodeos. Creo que el análisis técnico es demasiado complicado para los principiantes en inversión. En mi opinión, el análisis fundamental es más relevante para encontrar buenos valores.

Personalmente, nunca he sentido la necesidad de utilizar el análisis técnico para tomar decisiones de inversión acertadas en mi cuenta de valores.

En retrospectiva, el rendimiento de mi cuenta de valores me ha dado la razón.

Prefiero basarme en el análisis fundamental para encontrar valores sólidos a largo plazo, en lugar de complicados gráficos e indicadores. A cada cual lo suyo, pero para mí el análisis técnico simplemente no es necesario.

El análisis técnico es más adecuado para quienes operan a corto plazo. No nos concierne en este libro, ya que nos centramos en las inversiones a medio y largo plazo. Por eso no profundizo en este tipo de análisis.

Capítulo 5: Encuentre los mejores ETF

1. Por qué los ETF son atractivos para los inversores

A. ¿Quién creó los ETF y por qué?

Los ETF (Exchange Traded Funds) fueron creados por primera vez en Estados Unidos en la década de 1970 por las empresas de inversión State Street Global Advisors y American Stock Exchange.

Los ETF se crearon para ofrecer a los inversores una opción de inversión fácil de acceso y a bajo coste para diversificar sus carteras.

Los ETF permiten a los inversores beneficiar de la exposición a una cesta de acciones, bonos, oro u otros activos, sin tener que comprar cada uno de ellos individualmente. Los ETF se han hecho muy populares por su comodidad, transparencia y accesibilidad, tanto para los inversores principiantes como para los experimentados.

B. ¿Por qué los ETF son atractivos para los principiantes inversores?

Los ETF son especialmente atractivos para los inversores principiantes, por que ofrecen una forma sencilla y asequible de diversificar sin tener que seleccionar valores individuales.

Imagínese que tuviera que comprar las 500 acciones del S&P 500. Eso exigiría un presupuesto colosal y una gestión que requiere muco tiempo...

Además, los ETF cotizan en tiempo real y están sujetos a comisiones de gestión relativamente bajas, lo que los hace atractivos para los inversores que buscan maximizar su rentabilidad.

2. Criterios para elegir los mejores ETF

A. Resultados históricos

Basarse en lo que realmente ocurrió

En el mundo de las finanzas, es importante no basarse sólo en lo que se dice, sino en lo que realmente ha ocurrido. Ahí es donde entra en juego el rendimiento histórico.

En otras palabras, ¿cómo se han comportado los valores incluidos en el ETF a lo largo de los años?

Ejemplo

Tomemos, por ejemplo, el ETF más popular del S&P 500, el SPDR S&P 500 ETF Trust (ticker SPY).

Si observamos su rendimiento en los últimos 30 años, veremos que ha crecido de forma constante y consistente, a pesar de caídas ocasionales.

Ahora, voy a mostrarle que los ETFs pueden literalmente hacer explotar su patrimonio cuando están bien seleccionados.

➜ Como puede ver, la rentabilidad es del 819% en 30 años, ¡lo que sigue siendo una rentabilidad media anual del 27,3%! Si pensamos en la rentabilidad anual de una libreta de ahorro...

Si tú también quieres ver cómo se comportan los ETF y la renta variable, te recomiendo Google Finance (esta imagen procede de Google Finance).

<u>Precisión</u>

A la hora de elegir un ETF, es importante analizar su rentabilidad histórica para determinar si sigue una tendencia alcista o bajista. Si observa que el fondo ha crecido de forma constante durante un largo periodo, puede ser señal de que este ETF podría ser una buena opción para su cartera de inversión.

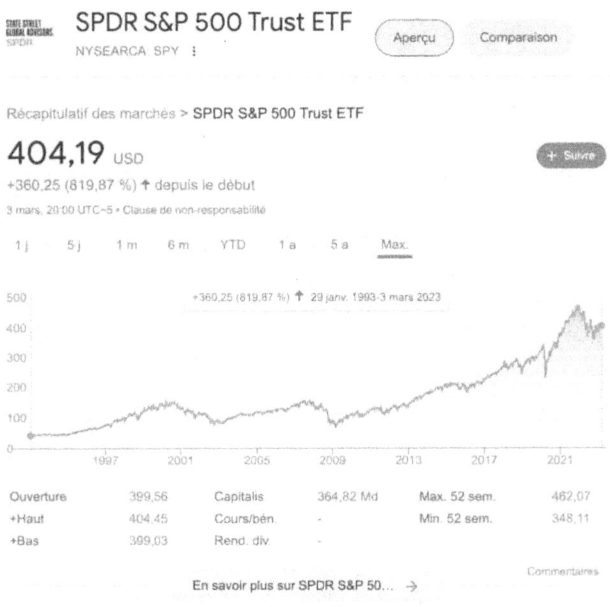

B. *¿ETF de Distribución o ETF de capitalización?*

Puede elegir entre 2 tipos principales de ETF:

- ETF de distribución
- ETF de capitalización

Los ETF de distribución pagan un dividendo periódicamente, por lo general trimestralmente. Usted recibe ingresos regulares, similares a los que recibiría invirtiendo en acciones.

Los ETF de capitalización, por su parte, no pagan dividendos.

En contrario, las ganancias se reinvierten en el fondo, con lo que el ETF crece gracias al interés compuesto.

La elección entre un ETF de distribución y un ETF de capitalización dependerá de su situación personal y financiera, así como de sus objetivos de inversión.

¿Busca generar ingresos regulares?

➜ Los ETF de distribución son para usted.

¿Quiere maximizar el crecimiento de su cartera?

➜ Los ETF de capitalización son su mejor opción.

C. Honorarios y comisiones

Un impacto en su rentabilidad

Como ocurre con cualquier inversión, las comisiones tienen un impacto considerable en su rentabilidad a largo plazo. A la hora de elegir un ETF, le recomiendo que preste atención a las comisiones.

Los ETF suelen venderse con comisiones de gestión anuales que oscilan entre el 0,1% y el 0,5% o más. Puede que no parezca mucho, pero estas comisiones arañan rápidamente su rentabilidad a largo plazo.

¿Cómo puedes ganar 300 euros en sólo 1 minuto?

Supongamos que ha invertido 10.000 euros en un ETF con una comisión anual del 0,5%.

Al cabo de 10 años, ¡habrás pagado 500 euros de gastos!

Tomemos otro ETF con una comisión anual del 0,2%.

Si hubiera invertido los mismos 10.000 euros, sólo habría pagado 200 euros de comisiones en 10 años. Esto supone un ahorro de 300 euros en comparación con el ETF con comisiones anuales del 0,5%...

¿Cómo puedes ganar 3.000 euros en sólo 1 minuto?

Ahora imaginemos que ha invertido no 10.000 euros, sino 100.000 euros en este ETF con una comisión anual del 0,5%.

Habrías pagado 5.000 euros de gastos en 10 años...

Si hubiera elegido el ETF con una comisión anual del 0,2%, habría pagado 2.000 euros en comisiones y se ahorrará 3.00 euros en comisiones a lo largo de 10 años en comparación con el primer ETF.

Esta demostración ilustra perfectamente la importancia de prestar atención a los porcentajes de las cuotas anuales.

→ Mi consejo es dar la máxima preferencia a los ETF con comisiones del orden del 0,3% o inferiores.

Comparación con los fondos tradicionales

Las comisiones de los ETF son a menudo más inferiores a las de los fondos tradicionales gestionados por gestoras de fondos. ¡Las comisiones de estos fondos suelen superar el 1% o más, mientras que las de la mayoría de los ETF suelen ser inferiores al 0,5%!

D. Diversificación

La mayoría de los inversores principiantes buscan minimizar su riesgo y repartir su inversión entre varios sectores empresariales, regiones geográficas y clases de activos.

Aquí es donde entran en juego los ETF. Permiten a los inversores diversificar fácilmente sus carteras en comprando un producto financiero que incluye docenas o cientos de acciones diferentes.

Para asegurarte de que eliges bien, tienes que estar atento a la calidad de la ETF.

Fíjese en los distintos sectores empresariales, regiones geográficas y clases de activos representados en el ETF. Asegúrese de que el ETF no se centra excesivamente en un único sector, región o clase de activos.

En resumen, la diversificación es un factor crucial a la hora de elegir los mejores ETF. ¡Asegúrese de comprender la composición del ETF antes de comprarlo!

E. Saldos vivos superiores a 100 millones de euros

El volumen de activos gestionados es un factor importante a la hora de invertir en un ETF. Un ETF con más de 100 millones de euros gestionados se considera más estable, por que cuenta con una mayor base de inversores, lo que implica una mayor liquidez y una mejor capacidad para seguir al índice.

Los ETF con grandes activos gestionados suelen ser más sólidos.

F. Empresas emisoras de ETF

BlackRock y Vanguard son dos de los emisores de ETF más conocidos del mercado. Ofrecen una gran variedad de opciones de inversión, desde ETF cotizados hasta ETF temáticos.

BlackRock

En 2022, BlackRock se convirtió en el mayor gestor de activos del mundo**, con 8.487 billones de dólares en activos gestionados**.

BlackRock ofrece una amplia gama de productos, desde ETF vinculados a diversos sectores y mercados, hasta acciones, bonos y materias primas.

BlackRock es una empresa que no depende de ninguna otra institución financiera para su gestión.

BlackRock tiene su sede en Nueva York.

Vanguard

Vanguard es una empresa de gestión de activos bien establecida, que ofrece una amplia gama de productos de inversión, incluidos ETF, acciones, bonos, derivados y mucho más.

Vanguard se enorgullece de una sólida reputación en gestión de activos. Fundada en 1975, es una de las mayores gestoras de activos del mundo, con más de 7 billones de dólares en activos gestionados.

Tienen una filosofía de inversión basada en la diversificación y son conocidos por ofrecer productos de inversión de bajo coste.

3. Cómo evaluar la cualidad de una ETF

A. Fundamentos

Para encontrar los mejores ETF, hay que saber lo qué hay detrás del ETF.

Aquí estan algunas preguntas que me gusta hacerme para evaluar la calidad de un ETF antes de incluirlo en mi CVO:

- ¿Qué sectores están representados en la cartera del ETF?
- ¿Existe una concentración excesiva en un único sector o empresa?
- ¿Cómo las empresas incluidas en el ETF se eligen?
- ¿Cuál es el rendimiento histórico del ETF?
- ¿Cómo se compara con similares ETF?
- ¿Cuál es el riesgo asociado a los ETF?
- ¿Cuáles son las comisiones de los ETF?

B. Evaluación de la cualidad de las empresas incluidas en el ETF

Para evaluar la cualidad de un ETF, es importante tomar en cuenta la cualidad de las empresas incluidas. Usted quiere estar seguro de que invierte en empresas sólidas y con buena salud financiera.

Sin embargo, no olvide que el objetivo de un ETF es simplificar la inversión. Por tanto, aunque la rentabilidad de las empresas subyacentes es importante, ¡no es necesario dedicar demasiado tiempo a analizar cada empresa individualmente!

Aquí son algunos criterios a tener en cuenta:

- Rentabilidad: eche un vistazo a los beneficios netos de las empresas, sus tasas de crecimiento y su capacidad para generar beneficios de forma regular.

- Deuda: ev alúe brev emente el niv el de endeudamiento de la empresa.

- Cualidad de los productos o servicios: asegúrese que las empresas ofrecen productos o servicios de cualidad que tienen demanda en el mercado.

- Perspectivas de crecimiento: examine las oportunidades de crecimiento de las empresas, sobre todo en su sector y en los mercados internacionales.

Como dijo una vez nuestro amigo Warren Buffett: "¡Nunca inviertas en una empresa que no puedas comprender!

4. Los mejores ETF

A. ETFs de mercado

Los ETF de mercado están diseñados para reflejar el comportamiento del mercado en general o de un sector específico. Ofrecen diversificación de sus inversiones y le dan acceso a un gran número de acciones a un coste relativamente bajo.

Suelen utilizarse para invertir en índices populares.

Los índices bursátiles más utilizados en el mundo son el...

1. El S&P 500, que sigue a las 500 mayores empresas que cotizan en la bolsa estadounidense.

2. El NASDAQ 100, que sigue a las empresas tecnológicas y de crecimiento que cotizan en la bolsa estadounidense.

3. El Promedio Industrial Dow Jones, que refleja las 30 mayores empresas industriales cotizadas de Estados Unidos.

Otros índices bursátiles

El índice MSCI World sigue las acciones de grandes y medianas empresas de 23 países desarrollados:

- Alemania
- Australia
- Austria
- Bélgica
- Canadá
- Dinamarca
- España
- Estados Unidos
- Finlandia
- Francia
- Hong Kong
- Irlanda
- Israel
- Italia
- Japón
- Nueva Zelanda
- Noruega

- Países Bajos
- Portugal
- Reino Unido
- Singapur
- Suecia
- Suiza

El índice FTSE All-World, que refleja las acciones de grandes y medianas empresas de 46 países desarrollados y emergentes.

El Nikkei 225 agrupa a las 225 mayores empresas cotizadas en la bolsa japonesa.

B. ETF sectoriales

Los ETF sectoriales, también conocidos como ETF temáticos, permiten a los inversores centrarse en un sector concreto de la economía.

Aquí, una lista de sectores económicos que pueden encontrarse en ETF sectoriales:

- Tecnología: empresas especializadas en el diseño, fabricación y distribución de productos tecnológicos y electrónicos.
- Sanidad: empresas dedicadas a la investigación y desarrollo de productos farmacéuticos, servicios sanitarios, equipos médicos y tecnologías de la información médica.

- Servicios al consumidor: empresas de bienes de consumo no cíclicos, como alimentación, bebidas, productos para el hogar, cuidado personal y ocio.

- Servicios financieros: banca, seguros, corretaje, gestión de activos y otros servicios financieros.

- Energía: empresas dedicadas a la producción, refinado, almacenamiento y distribución de petróleo y gas, así como de otras fuentes de energía renovables.

- Materiales: empresas dedicadas a la producción y suministro de materias primas como metales, productos químicos y materiales de construcción.

- Industria: empresas dedicadas a la fabricación de bienes duraderos y no duraderos, como maquinas, industria aeroespacial, vehículos y bienes de consumo duraderos.

- Ect.

Este enfoque es ventajoso para los inversores que buscan maximizar las oportunidades de crecimiento en un sector concreto.

Si desea centrarse en un sector concreto, le recomendaría elegir un ETF sectorial que muestre una amplia serie de empresas del sector.

¡Su opinión cuenta de verdad!

Sería un honor ver su honesta reseña.

Estás ayudando a mejorar este libro para futuros lectores.

Díganos qué le ha gustado y qué podría mejorarse.

Gracias de antemano por su contribución.

Segunda parte:

Control del 100% de su cuenta de valores

"Nunca dependas de un solo ingreso. Haz una inversión para crear una segunda fuente".

Warren Buffett

Capítulo 6:

Crear una cartera bursátil rentable

---

1. Su estrategia de inversión

A. Determine sus objetivos financieros

Como todo buen inversor, primero debe determinar sus objetivos financieros.

- ¿Quiere acumular unos ahorros holgados para su jubilación?
- ¿Quiere acumular riqueza para poder vivir de sus inversiones en el futuro?
- ¿Quiere generar ingresos regulares para vivir?
- ¿Prefieres asumir riesgos para maximizar las ganancias potenciales?

Estos objetivos determinarán cómo construye su cartera.

Cuando estás joven y no se tienen responsabilidades familiares, puede ser una buena idea concentrarse en inversiones más arriesgadas con mayor potencial de ganancias, a fin de acumular más riqueza. Es lo que se conoce como fase de acumulación.

Por el contrario, si se acerca la jubilación, es más sensato favorecer la seguridad y la estabilidad invirtiendo en activos menos arriesgados y volátiles.

Determinar sus objetivos financieros es un paso crucial para construir una cartera de éxito, así que tómese su tiempo para pensar a lo que quiere conseguir a largo plazo y asegúrese de que sus inversiones reflejan esos objetivos.

B. Evaluar su nivel de riesgo

Hay una ley inmutable de la inversión:

→ ¡Cuanto mayor es el nivel de riesgo, mayores son las ganancias potenciales!

Le recomiendo que conozca su nivel de riesgo antes de crear su cartera de inversión.

Para evaluar tu nivel de riesgo, puedes hacerte las siguientes preguntas:

- ¿Estoy dispuesto a asumir riesgos para ganar más dinero?
- ¿Preferiría un enfoque más prudente?
- ¿Con qué frecuencia estoy dispuesto a realizar ajustes en mi cartera?

Tenga cuidado de no subestimar el riesgo, por que podría ocasionar pérdidas considerables.

La tolerancia al riesgo es algo personal, así que tú decides lo que estás dispuesto a aceptar y lo que no.

2. Asignación de activos

A. Equilibrio entre acciones, ETF y efectivo

La asignación de activos es un paso clave en el desarrollo de una estrategia de inversión sólida. Consiste en determinar la proporción de su cartera que se asignará a distintas clases de activos, como acciones, ETF y efectivo.

El objetivo es encontrar un equilibrio que se adapte a su nivel de riesgo tolerable y a sus objetivos financieros.

Aquí están algunos puntos clave:

- La renta variable ofrece altos rendimientos, pero también es más volátil y conlleva un mayor riesgo.

- A otro lado, los ETF suelen ser más estables y menos arriesgados, pero su rentabilidad es menor.

- Los activos líquidos, como las cuentas de ahorro, tienen un tipo de interés muy bajo o nulo.

La asignación de activos no debe ser estática. Te recomiendo que la revises una vez al año y la ajustes en función de tu situación. A menos que tengas ya una cartera grande (más de 250.000 euros), no necesitas revisar tu asignación de activos más a menudo.

B. Diversificación

Diversificación sectorial

Diversificación sectorial significa repartir sus inversiones entre distintos sectores, como tecnología, salud, inmobiliario, defensa, energía, etc.

Por lo tanto, si un sector no funciona bien, no saldrá perdiendo.

Tomemos el ejemplo del sector sanitario y el de las tecnologías de la información.

El sector sanitario suele ser menos volátil, porque la sanidad es esencial. Siempr e hay demanda, independientemente del estado de la economía.

En contrario, el sector informático es más volátil por su dependencia del crecimiento económico y la innovación tecnológica.

Al diversificar en estos 2 sectores, reduce su exposición al riesgo y maximiza sus posibilidades de éxito.

Diversificación geográfica

La diversificación geográfica consiste en repartir las inversiones entre distintos países.

Por tanto, si la economía de un país tiene problemas, no afectará a toda su cartera.

Imagínate:

Ha invertido en una empresa australiana que está experimentando una recesión económica...

También has invertido en una empresa brasileña y sus acciones están en auge.

Gracias a las acciones de la empresa brasileña, su cartera se mantiene en verde. La diversificación geográfica le permite gestionar mejor los riesgos asociados a su inversión.

Diversificación de divisas

La diversificación de divisas consiste en invertir en activos bursátiles denominados en varias divisas. Proteges tus inversiones de la volatilidad de las divisas.

Imagínate:

1. Sólo posee acciones denominadas en euros.

2. El euro se deprecia frente al dólar estadounidense (esto ocurrió en 2022).

3. Sus acciones pierden valor...

Por el contrario, si también posee activos denominados en dólares estadounidenses, yenes, libras esterlinas, reales brasileños, francos suizos, dólares australianos o rupias indias, compensará la depreciación del euro o de cualquier otra divisa que posea.

La diversificación de divisas le ayuda a reducir el riesgo de inversión y maximizar sus posibilidades de éxito.

C. Ratios de asignación de activos

Los ratios de asignación de activos son indicadores que miden la distribución de su inversión entre distintos tipos de activos, como acciones, ETF, bonos y efectivo.

Utilice esta información para determinar el porcentaje ideal de acciones, ETF y efectivo que debe incluir en su cartera. También puede utilizar estos ratios para determinar el porcentaje perfeto de diversificación sectorial y de geográfica de su cartera.

Tomemos, por ejemplo, un inversor con un horizonte de inversión de 10 años y una elevada tolerancia al riesgo. Decide asignar el 80% de su cartera en renta variable y mantener el 20% en efectivo.

Los ratios de asignación de activos son herramientas que le ayudan a determinar la estrategia de inversión más adecuada para usted. Sin embargo, no son una ciencia exacta y variarán en función de muchos factores, como las fluctuaciones del mercado y los cambios en sus objetivos financieros.

3. Carteras adaptadas a su edad y situación financiera

Para ajustar su estrategia de asignación de activos a su edad y situación financiera, es importante tener en cuenta diversos factores, como su horizonte de inversión, objetivos financieros, nivel de riesgo tolerable y necesidades de liquidez.

Generalmente, cuanto más se acerque la jubilación, más es sabio deaumentar la proporción de activos de menor riesgo, como bonos, ETF y acciones de baja volatilidad.

Por otro lado, para los inversores jóvenes con un horizonte de inversión a largo plazo, tiene más sentido invertir más en renta variable y ETF más arriesgados para lograr una mayor rentabilidad.

Inventadas por grandes inversores, estas carteras han demostrado ya su eficacia a miles de inversores. Aun así, le recomiendo que se tome su tiempo para elegir la que más le convenga más.

A. La cartera 60/40 de Jack Bogle

¿Quién es Jack Bogle?

La cartera 60/40 fue popularizada por Jack Bogle, fundador del Grupo Vanguard. Esta estrategia de inversión ya existía ya antes.

Bogle simplemente popularizó la idea haciéndola accesible a todo el mundo, ¡gracias a la creación de los fondos indexados!

¿En qué consiste esta cartera?

- Bonos: 60 %
- Acciones: 40 %

¿Para quién es más adecuado?

La cartera 60/40 se considera una opción popular para los inversores a largo plazo que buscan reducir su exposición a los riesgos de mercado y beneficiar también de un crecimiento moderado de la cartera.

Así pues, el avatar típico de esta cartera es un inversor conservador o moderado, que busca un equilibrio entre la preservación del capital y el crecimiento a largo plazo. Podría tratarse de alguien próximo a la jubilación o con un perfil de riesgo más conservador.

Beneficios

- Dividir la cartera entre renta variable y renta fija ayuda a reducir el riesgo. Los bonos suelen ser menos volátiles que la renta variable, lo que ofrece una estabilidad cierta a la cartera en caso de turbulencias en los mercados.

- La división 60/40 es fácil de establecer y gestionar, lo que la convierte en una opción atractiva para los inversores principiantes o los que prefieren un enfoque sencillo de la inversión.

- Históricamente, la cartera 60/40 ha ofrecido rendimientos sólidos y constantes a largo plazo, por lo que resulta adecuada para los inversores que buscan una inversión a largo plazo.

Desventajas

- La cartera 60/40 carece de diversificación entre clases de activos. Por ejemplo, no incluye clases de activos como inmuebles, materias primas o bonos VPTI, que ofrecen protección frente a la inflación.

- Debido a la elevada proporción de bonos en la cartera, los rendimientos a largo plazo son más limitados. Si los tipos de interés suben, los bonos ofrecen rendimientos menos atractivos, lo que limita las ganancias de la cartera....

- La cartera 60/40 no es adecuada para todos los perfiles. Por ejemplo, los inversores que busquen una mayor rentabilidad preferirán otras carteras. Del mismo modo, los inversores que busquen mayores ingresos no encontrarán esta cartera adecuada a sus necesidades.

B. Cartera permanente de Harry Browne

¿Quién es Harry Browne?

Harry Browne fue un economista, escritor y político estadounidense. Fue candidato a la Presidencia de Estados Unidos en 1996 y 2000 por el Partido Libertario. Browne es conocido sobre todo por su filosofía de inversión a largo plazo basada en la diversificación y la minimización del riesgo.

Ha escrito varios libros sobre inversión, entre ellos, los conocidos:

- "Inversión a prueba de fallos: seguridad financiera para toda la vida en 30 minutos".
- "La cartera permanente: la estrategia de inversión a largo plazo de Harry Browne".

Su enfoque de inversión consiste en repartir el capital uniformemente entre 4 clases de activos: renta variable, renta fija, efectivo y metales preciosos. Esta estrategia se conoce como "cartera permanente".

¿En qué consiste esta cartera?

- Acciones: 25%
- Bonos: 25%
- Metales preciosos (principalmente oro): 25%.
- Efectivo (banco + caja): 25%.

¿Para quién es más adecuado?

Esta cartera es generalmente adecuada para inversores que buscan un enfoque de inversión más conservador centrado en la preservación del capital más que en el crecimiento a corto plazo.

Las personas más adecuadas para esta cartera podrían ser jubilados o inversores próximos a la jubilación que busquen cubrirse frente a los riesgos de mercado y de tipos de interés. Los inversores con aversión al riesgo o que busquen un enfoque de inversión más estable también pueden encontrar esta cartera adecuada.

Beneficios

- Diversificación: esta cartera está bien diversificada, por que comprende 4 clases de activos diferentes: obligaciones, acciones, inmuebles y metales preciosos. Esta diversificación es muy adecuada para contrarrestar el riesgo, por que si un activo obtiene un rendimiento inferior, puede compensarse con el rendimiento de otro.

- Protección contra la inflación: poseer oro ayuda a protegerse contra la inflación, por que los metales preciosos han mantenido históricamente su valor a lo largo del tiempo.

- Fácil de seguir: es sencillo de configurar y seguir, por que no requiere tomar decisiones complejas. Los inversores asignan su dinero según los porcentajes recomendados y reequilibran su cartera una vez al año.

Desventajas

- Rentabilidad potencial limitada: los inversores que busquen maximizar su rentabilidad pueden verse decepcionados por el rendimiento de la Cartera Permanente. De hecho, ha sido diseñada para ser una "cartera defensiva" y no una "cartera agresiva".

- Costes elevados: la cartera permanente es a veces más cara que otras carteras, por que incluye varias clases de activos diferentes, lo que puede conllevar mayores costes de gestión. Además, la tenencia de oro físico conlleva costes de almacenamiento y seguro, a menos que lo guardes en casa.

- Sensibilidad a las variaciones de los tipos de interés: esta cartera es sensible a las variaciones de los tipos de interés, por que incluye una gran proporción de obligaciones. Si los tipos de interés suben, el valor de los bonos cae, lo que repercute negativamente en el rendimiento de la cartera.

C. Cartera de David Swensen

¿Quién es David Swensen?

David Swensen es un famoso inversor estadounidense y Director de Inversiones de la renombrada Universidad de Yale. Es conocido sobre todo por desarrollar la estrategia de inversión de Yale, conocida como modelo Swensen, que ha sido ampliamente adoptada por muchas instituciones financieras.

Esta estrategia se centra en la diversificación de activos, la asignación de activos y el uso de inversiones alternativas. Swensen también ha publicado varios libros sobre inversión, el más conocido de los cuales es "Unconventional Success: A Fundamental Approach to Personal Investment".

¿En qué consiste esta cartera?

- Renta variable estadounidense: 30%.
- Renta variable internacional (+ Europa): 15%.
- Renta variable de mercados emergentes: 5%.
- Inmobiliario (REIT): 20%.
- Bonos del Estado a largo plazo: 15%.
- Bonos TIPS: 15%

Conviene dar algunas explicaciones

¿Qué son los bonos VTPI?

Los VTPI (Valores del Tesoro Protegidos contra la Inflación) son bonos del Estado estadounidense diseñados para proteger a los inversores contra la inflación. Los VTPI están vinculados al Índice de Precios de Consumo (IPC) y sus valores se ajustan en función de la inflación.

En la práctica, si la inflación sube, el valor nominal de los VTPI también sube, lo que significa que el interés pagado por los VTPI también subirá. Esto permite a los inversores proteger su dinero contra la inflación.

Los VTPI suelen considerarse inversiones seguras y de bajo riesgo porque los emite el gobierno de Estados Unidos. Sin embargo, como ocurre con cualquier inversión, existen riesgos potenciales, como el riesgo de fluctuación de los tipos de interés y el riesgo de una inflación superior a la prevista.

¿Qué es un REIT?

Un REIT (Real Estate Investment Trust) es una sociedad que invierte en bienes inmuebles en Estados Unidos. En España, los equivalentes a los REITs en Estados Unidos son conocidos como SOCIMIs (Sociedades Anónimas Cotizadas de Inversión en el Mercado Inmobiliario). Estas sociedades tienen por objeto la adquisición y gestión de activos inmobiliarios urbanos para su arrendamiento, y se caracterizan por un régimen fiscal favorable con el objetivo de fomentar la inversión en el mercado inmobiliario.

Los REIT poseen, gestionan y/o financian inmuebles comerciales, como edificios de oficinas, centros comerciales, hoteles, almacenes, pero también casas, pisos, etc. Son sociedades cotizadas que deben cumplir determinados requisitos legales para beneficiarse de un tratamiento fiscal favorable. Los ingresos procedentes del alquiler de activos inmobiliarios se distribuyen generalmente en forma de dividendos a los accionistas. Los REIT ofrecen a los inversores una forma sencilla de invertir en bienes inmuebles sin tener que comprarlos y gestionarlos directamente.

¿Para quién es más adecuado?

Este tipo de cartera es adecuado para alguien con una visión de inversión a largo plazo y una tolerancia al riesgo de moderada a alta.

En cuanto a la edad, podría adaptarse a alguien de entre 30 y 50 años, con un trabajo estable e ingresos regulares.

Esta persona estaría dispuesta a asumir riesgos para maximizar la rentabilidad a largo plazo, siendo consciente de los riesgos.

Beneficios

- Diversificación: la cartera de Swensen distribuye las inversiones entre distintos sectores y clases de activos, lo que proporciona una amplia diversificación y reduce el riesgo global.

- Rentabilidad: la rentabilidad de la cartera en el pasado ha sido sólida, con un rendimiento medio anual en torno al 10% durante más de 2 décadas.

- Estrategia innovadora: Swensen ha sido un innovador en la inversión bursátil, centrándose en clases de activos menos comunes, como los inmuebles cotizados y la renta variable de mercados emergentes. Esta estrategia ha ofrecido en el pasado, rendimientos superiores a los del mercado.

Desventajas

- Costes elevados: algunas de las clases de activos incluidas en la cartera de Swensen, como la renta variable de mercados emergentes, a veces exigen pagar comisiones más elevadas al comprar (dependiendo, por supuesto, del tipo de corredor que utilice).

- Complejidad: La cartera de Swensen puede resultar compleja para los inversores principiantes, por que utiliza clases de activos menos comunes e inversiones más sofisticadas.

D. La cartera Ivy

¿Quién ha desarrollado la cartera Ivy?

La cartera Ivy es una estrategia de inversión desarrollada por las prestigiosas universidades estadounidenses de Harvard y Yale. Este enfoque se basa en estudios profundida del mundo de las finanzas, con especial atención a las estrategias de inversión.

Popularizada por Mebane Faber, la cartera Ivy toma su nombre de la Ivy League, un grupo de 8 universidades privadas del noreste de Estados Unidos, algunas de las más prestigiosas del mundo.

La cartera Ivy es una perfeccionamento de la cartera permanente. Las universidades han aplicado este enfoque a sus propios fondos, invirtiendo en los mercados financieros para dar a los estudiantes una formación teórica y práctica.

¿En qué consiste esta cartera?

- Renta variable estadounidense: 20%.
- Renta variable internacional: 20%.
- Bonos a 10 años: 20%
- Materias primas: 20%
- Inmobiliario (REIT): 20%.

¿Para quién es más adecuado?

Es adecuado para cualquier persona de entre 40 y 60 años que busque minimizar el riesgo sin dejar de obtener rendimientos satisfactorios.

Esta persona busca una estrategia de inversión sencilla y que se gestiona fácilmente. Puede tratarse de un alto ejecutivo, un empresario o un autónomo con un cierto nivel de confort financiero que busca asegurar su futuro financiero.

Beneficios

- Diversificación: esta cartera está diseñada para ofrecer una diversificación completa invirtiendo en diferentes clases de activos. Esta estrategia reduce el riesgo global de la cartera al tiempo que proporciona exposición a diferentes mercados.

- Volatilidad reducida: diseñada para ser conservadora, esta cartera pretende reducir la volatilidad y proteger el capital de los inversores en tiempos de crisis. Los bonos en 10 años se consideran inversiones más seguras que la renta variable internacional.

- Rentabilidad a largo plazo: La cartera Ivy ha obtenido buenos resultados a largo plazo. Ha superado a muchas otras carteras diversificadas y ha sido menos volátil.

Desventajas

- Escasa asignación a renta variable: La cartera Ivy sólo tiene una asignación del 40% en renta variable, lo que puede limitar el potencial de crecimiento a largo plazo de la cartera.

- Dependencia de las materias primas: la elevada proporción de materias primas en esta cartera la hace vulnerable a las fluctuaciones. Con la excepción del oro (e incluso en ese caso, hay que matizarlo), las demás materias primas suelen ser volátiles.

E. Cartera de Ray Dalio

¿Quién es Ray Dalio?

Ray Dalio es un inversor y gestor de fondos de cobertura estadounidense. Se le conoce sobre todo por ser el fundador de Bridgewater Associates, uno de los mayores fondos de cobertura del mundo, que creó en 1975.

Dalio también ha publicado varios libros, el más conocido de los cuales es "Principios : Vida y trabajo", en el que comparte sus principios para el éxito personal y profesional.

Se le considera un pionero del análisis cuantitativo y de las estrategias de inversión basadas en algoritmos para gestionar fondos de alto riesgo.

¿En qué consiste esta cartera?

- Renta variable estadounidense: 30%.
- Renta variable internacional: 15%.
- Bonos del Estado: 40%
- Materias primas: 7,5%
- Bonos TIPS: 7,5%

¿Para quién es más adecuado?

La cartera "All Weather" de Ray Dalio. Suele considerarse la cartera más adecuada para los inversores que buscan una diversificación óptima con un riesgo controlado.

Esta cartera está diseñada para resistir todas las condiciones económicas, ahí el nombre de "All Weather". Es especialmente adecuada para los inversores que buscan protegerse contra las crisis económicas y financieras, al tiempo que obtienen una rentabilidad atractiva a largo plazo.

Sin embargo, hay que señalar que esta cartera requiere cierto grado de experiencia y gestión activa para sacarle el máximo partido, por lo que es más adecuada para inversores experimentados que para principiantes.

Beneficios

- Diversificación: esta cartera está diseñada para resistir los cambios de la coyuntura económica, por lo que es adecuada para una amplia variedad de situaciones de mercado. Está se diversifica entre renta variable, renta fija, materias primas y efectivo.

- Asignación estratégica de activos: diseñada para asignar estratégicamente los activos en función de su rendimiento en diferentes entornos económicos, en lugar de centrarse únicamente en el rendimiento a corto plazo.

- Protección contra la inflación: los bonos VTPI proporcionan esta protección.

- Rentabilidad estable: esta cartera pretende generar una rentabilidad estable a lo largo del tiempo, lo que resulta atractivo para los inversores que buscan evitar las fluctuaciones a corto plazo.

Desventajas

- Rentabilidad inferior a ciertas carteras: esta cartera puede no generar una rentabilidad tan elevada como otras carteras con una elevada exposición a la renta variable durante los mercados alcistas.

- Complejidad: puede ser compleja configurar esta cartera y requiere un profundo conocimiento de los mercados financieros. Además, puede resultar difícil mantener la asignación de activos a largo plazo, lo que puede requerir reequilibrios más frecuentes.

Capítulo 7:

Cómo gestionar su cartera como un profesional

1. ¿Gestión de cartera activa o pasiva?

A. Una decisión personal

Gestionar su cartera de forma activa o pasiva es una decisión personal que depende de su tiempo, sus conocimientos y sus objetivos.

El estilo activo implica un análisis constante de los mercados financieros y de las empresas para tomar decisiones de compra y venta de forma periódica. Este estilo de gestión requiere un mayor compromiso en términos de tiempo y conocimientos, pero tiene el potencial de ofrecer mayores rendimientos.

El estilo pasivo consiste simplemente en comprar y mantener una cartera durante un largo periodo. Esta estrategia es más sencilla, requiere menos tiempo y esfuerzo, pero ofrece ganancias más modestas.

B. Mi consejo

Prefiero un enfoque 100% pasivo para gestionar mi CVO.

Menos tiempo y esfuerzo

Al optar por un enfoque pasivo, no necesita dedicar tanto tiempo y esfuerzo a la gestión de su cartera.

No necesita controlar diariamente el rendimiento de cada acción, ni hacer ajustes frecuentes en respuesta a las fluctuaciones del mercado. Puedes concentrarte en ganar más dinero en tu trabajo o en tu propio negocio, ¡que luego podrás invertir en tu CVO!

Costes reducidos

El enfoque pasivo también permite minimizar los costes asociados a la gestión de su cartera. Los ETF, que son una opción popular para un enfoque pasivo, suelen tener comisiones de gestión muy bajas en comparación con los fondos gestionados activamente.

Rendimiento superior

Un estudio de Morningstar denominado "SPIVA Scorecard" y un estudio anual denominado "S&P Dow Jones Indices SPIVA Europe Scorecard" han demostrado que la mayoría de los fondos de gestión activa no consiguen batir la rentabilidad de los índices a largo plazo. Esto significa que puede obtener resultados superiores optando por un enfoque pasivo.

→ Un estudio demostró también que los mayores rendimientos registrados en las carteras bursátiles fueron logrados, ¡por personas que olvidaron que tenían una cartera bursátil o por personas que habían fallecido!

Reducción del estrés

Por último, la gestión pasiva ayuda a reducir el estrés de la inversión al minimizar la toma de decisiones y las fluctuaciones del mercado. Puede concentrarse en su estrategia a largo plazo, en lugar de en las fluctuaciones a corto plazo del mercado.

2. ¿Cuántos activos debo incluir en mi cartera?

A. No existe el número perfecto.

Algunos inversores tienen carteras con 5 activos, ¡mientras que otros pueden tener 35 o más!

Recomiendo tener entre 10 y 20 líneas en la cartera cuando se empieza. No importa si son acciones, ETF, bonos o las tres cosas. Esto le proporcionará una diversificación adecuada, al tiempo que mantendrá su cartera sencilla de gestionar.

Sin embargo, debe comprender que tener demasiados activos puede hacer que la gestión de su cartera sea compleja y difícil de seguir, lo que puede llevarle a cometer errores en sus decisiones de inversión. Al contrario, si sólo tiene 3 activos, no está suficientemente diversificado y está asumiendo riesgos innecesarios.

B. Atención

Estos ejemplos de carteras son modelos generales.

La asignación ideal depende de muchos factores personales, como la edad, los objetivos financieros y la capacidad de asumir riesgos. Debe conocer sus propias prioridades financieras. También debe tomarse el tiempo de reevaluarlas periódicamente para asegurarse de que su estrategia sigue estando en consonancia con sus objetivos.

➔ No lo olvides nunca: no existe la cartera perfecta.

Cada persona tiene unos objetivos financieros, una edad y una tolerancia al riesgo diferentes. Lo que se considera una buena cartera para una persona no lo es para otra.

Básicamente, no tiene sentido copiar tontamente una cartera sólo porque un amigo la utilice o un gurú financiero la recomiende. Tú no eres esas personas, ¡eres único!

3. Controlar y ajustar su cartera

A. Control de su rendimiento

¿Cuántas veces al año debo supervisar mi cartera?

No existe una frecuencia "obligatoria" o "perfecta" para supervisar una cartera. En general, le aconsejo que supervise el rendimiento de su cartera entre 1 y 3 veces al año, para asegurarse de que su cartera sigue estando en línea con sus objetivos.

Muchos inversores supervisan sus carteras todos los días o varias veces al día...

Es probable que este tipo de "comportamiento compulsivo" le lleve a tomar decisiones impulsivas basadas en sus emociones y no en datos objetivos.

Un seguimiento demasiado frecuente también puede hacerle perder de vista su objetivo, lo que es contraproducente para usted. Además, perderá el tiempo observando el rendimiento de su cartera para nada: ¡es tiempo perdido en otras actividades!

Por eso le recomiendo que limite su seguimiento a 1 o 3 veces al año, para que pueda concentrarse en la estrategia a largo plazo y minimizar el impacto de las emociones en sus decisiones de inversión.

Sitios y aplicaciones que le ayudarán

- Yahoo Finanzas: este sitio ofrece información sobre mercados bursátiles, divisas, materias primas e índices bursátiles de todo el mundo.

- Google Finance: este sitio ofrece datos sobre mercados de valores, divisas e índices bursátiles de todo el mundo. Cada vez lo prefiero más a Yahoo Finanzas, porque me parece que la información está mejor presentada.

- Investing.com: este sitio ofrece información en tiempo real sobre los mercados de valores. También puedes configurar alertas de cambios en los precios y seguir el rendimiento de tu cartera. Sinceramente, es el sitio que más utilizo antes Google finance. Me parece claro, fácil de usar y es el sitio que utilizo para obtener todos los ratios. Gracias a este sitio selecciono todas las acciones que compro en mi CVO.

- TradingView: este sitio permite analizar gráficos de acciones, ETF y otros instrumentos financieros, así como seguir las tendencias del mercado y los indicadores técnicos.

- Bloomberg: este sitio ofrece noticias financieras, datos de mercado en tiempo real, análisis y comentarios de expertos. Bloomberg es líder mundial en datos financieros. Es un sitio que deberías utilizar del mismo modo que Investing.com y Google finance. Personalmente, estos son los sitios que encuentro más relevantes.

- Moning.co: es un sitio que utilizo actualmente, creado por un equipo francés. Su interfaz me parece muy interesante. Sin embargo, hay que pagar para obtener cierta información que sería difícil encontrar en Investing.com, pero es gratis...

Tenga en cuenta que esta lista no es exhaustiva y que siempre es aconsejable investigar más a fondo para encontrar la herramienta que mejor se adapte a sus necesidades y objetivos.

→ No olvides consultar la sección "Fuentes" al final del libro, que incluye todos los sitios web de los que hablo en este libro.

B. Ajústelo en función de sus objetivos y de su nivel de tolerancia al riesgo

Reasignación de activos

En cuanto a hacer ajustes, le recomiendo que lo haga una vez al año. En la jerga bursátil, esto se llama "reasignación de activos".

La reasignación de activos consiste en ajustar la distribución de las distintas clases de activos de su cartera.

Esto puede implicar ajustar la proporción de acciones, ETF, bonos, efectivo y otros activos para satisfacer sus necesidades.

Para reasignar sus activos, siga estos pasos:

- Revise el rendimiento de sus activos individualmente para asegurarse de que su cartera sigue alineada con sus objetivos financieros.
- Determine si han cambiado sus objetivos y su tolerancia al riesgo.
- Calcule su asignación ideal de activos en función de sus objetivos financieros y su tolerancia al riesgo.
- Venda los activos que no hayan alcanzado sus objetivos financieros.
- Si es necesario, compre activos adicionales para alcanzar la asignación ideal.
- Guarde los ajustes de su cartera. La aplicación Moning.co (versión de pago) lo hace automáticamente, lo que ahorra una cantidad

considerable de tiempo. Naturalmente, no es la única que tiene esta función.

Importante

Siempre debe realizar sus reasignaciones con cuidado y sin dejarse llevar por sus emociones. También es importante recordar que la reasignación es sólo una parte de la estrategia de inversión a largo plazo.

No he reasignado activos en mi PEA desde hace más de 2 años, porque no era necesario.

Mientras escribo estas líneas, ¡mi PEA está mostrando un rendimiento de +20% (como se puede ver en la imagen de abajo, ver los 2 rectángulos rojos)! ¡No voy a estancarme y perder el tiempo modificando una estrategia que está funcionando ya!

Tanto si se trata de un PEA como de un CVO, el principio sigue siendo el mismo.

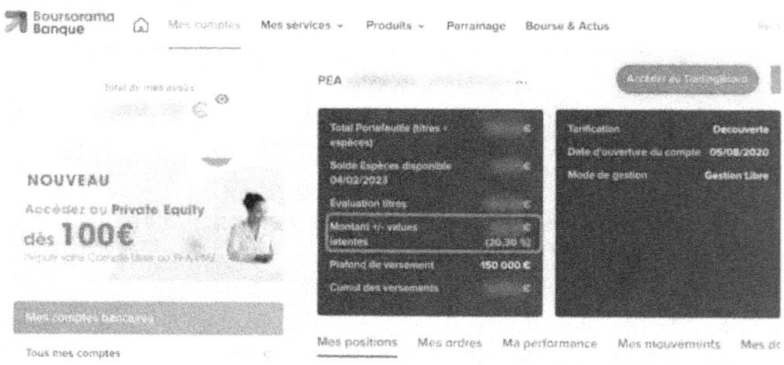

4. Tener en cuenta las oportunidades del mercado

A. Encontrar empresas prometedoras

La clave para invertir con éxito es asegurarse de invertir en las empresas y sectores adecuados.

Haga su propia investigación para determinar si una empresa o sector es una buena opción para su cartera. No olvide consultar lo que vimos en los Capítulos 4 y 5, para encontrar empresas prometedoras en sectores en crecimiento.

B. Aplicar una estrategia de inversión flexible

Intente ser flexible en su estrategia de inversión. Los avances tecnológicos y los cambios en los sectores económicos pueden abrir nuevas oportunidades. No se quede anclado en el pasado, por que podría perder oportunidades increíbles.

¿Cuántos inversores perdieron la oportunidad de ganar mucho dinero con el boom de Internet en los años 2000-2010, simplemente porque no vieron el enorme potencial de este sector?

➜ Ten cuidado de no "aprovechar todas las oportunidades" que se te presenten.

Siempre es prudente permanecer alerta y no dejarse llevar por la primera señal de oportunidad.

Capítulo 8:

Gestionar los riesgos bursátiles con confianza

1. Los riesgos

El mundo de la inversión en bolsa no es un mundo de ositos de peluche. No voy a mentirte y decirte que no hay riesgo.

Debe comprender los distintos riesgos asociados a la inversión en bolsa,por que esto le ayudará a gestionar mejor su cartera y a tomar decisiones más informadas para minimizar estos riesgos.

Con amabilidad, me gustaría decir a los lectores que comprender los riesgos asociados a la inversión en bolsa puede ser complicado, por los inversores más experimentados también.

No es una cuestión de "nulidad", sino de familiaridad con el tema.

Por eso recomiendo a los principiantes que aprendan gradualmente y se tomen el tiempo necesario para comprender los distintos riesgos, de modo que puedan hacer una evaluación informada y consciente de las oportunidades.

A. Riesgos de mercado

En este mundo, todo lo que se hace conlleva un riesgo, y la inversión en bolsa no es una excepción a la regla.

Debe comprender que los mercados financieros son volátiles y que el valor de su cartera fluctúa en función de las condiciones económicas, políticas e tambiénclimáticas.

Cuando invierte en bolsa, asume un riesgo de mercado. Esto significa que el valor de sus inversiones puede fluctuar en función del estado de la economía mundial y de los resultados de las empresas.

Como inversor a largo plazo, es importante que no dejarse llevar por el pánico cuando las acciones o los ETF fluctúan. De hecho, es una oportunidad para comprar acciones o ETF con descuento, por que probablemente volverán a subir a largo plazo.

Como siempre, la clave para reducir el riesgo de mercado es no exponerse en exceso a ningún sector, empresa o mercado. La diversificación es tu mejor amiga.

Invierta en una variedad de empresas en distintas fases de su ciclo económico y en distintos sectores para reducir el riesgo de mercado.

En última instancia, depende de ti para decidir cuánto riesgo estás dispuesto a asumir.

No lo olvides:

- *"Cuanto mayor es el riesgo, mayor es la recompensa potencial".*

Pero...

- *"¡Cuanto mayor es el riesgo, mayor es el riesgo!".*

Así que téngalo en cuenta para tomar decisiones de inversión informadas.

B. Riesgo de pérdida de capital

Un riesgo inherente a todos los inversores

Este riesgo es inherente a cualquier inversión: puede perder dinero si los activos que ha comprado no rinden como esperaba.

Es importante que no ceder al pánico si se encuentra con este tipo de situación. De hecho, es una oportunidad para aprender y crecer como inversor.

Invertir a largo plazo ayuda a minimizar el riesgo de pérdida de capital. Al invertir durante un periodo más largo, la cartera tiene tiempo para recuperarse de la volatilidad del mercado y obtener beneficios a largo plazo.

Los más grandes también cometen errores.

los mayores inversores también están sufriendo pérdidas.

Durante una recesión en los años 90, Warren Buffett perdió alrededor del 50% de su cartera de acciones.

Sin embargo, siguió invirtiendo a largo plazo. ¡Que pierdas dinero ahora no significa automáticamente que seas un mal inversor!

En 2020 Warren Buffett (él otra vez) declaró que se había equivocado. En abril, él y su empresa Berkshire Hathaway habían vendido la totalidad de su participación del 10% en las 4 principales aerolíneas estadounidenses: American Airlines, Delta Air Lines, Southwest Airlines y United Airlines.

Y añadió: "Resulta que estaba equivocado".

C. Riesgo de impago de una empresa

Cuando una empresa ya no puede pagar sus deudas ni seguir operando, se dice que está en suspensión de pagos. Por desgracia, esto puede suponer una pérdida para los inversores que han invertido dinero en la empresa.

Puede minimizar este riesgo eligiendo empresas financieramente sólidas y diversificando su cartera. Por eso he insistido en capítulos anteriores (sobre todo en el capítulo 4) en la importancia de investigar las empresas antes de incluirlas en la cartera.

En resumen, el riesgo de impago de una empresa es un riesgo que todo inversor debe comprender y estar preparado para gestionar.

D. Riesgos de liquidez

Adiós liquidez...

Como inversor, también debe ser consciente de los riesgos asociados a la liquidez. La liquidez se refiere a la capacidad de un activo para venderse rápidamente sin sufrir una pérdida significativa de valor.

Los fondos de inversión ilíquidos, los bienes inmuebles físicos, el arte o el vino son inversiones difíciles de vender rápidamente cuando se necesitan.

La bolsa tiene la gran ventaja de ser una de las inversiones más líquidas.

Por otra parte, algunas acciones y ETF no son muy líquidos. Como su volumen de negociación es bajo, resulta más difícil venderlos rápidamente cuando es necesario.

Por ejemplo, algunas acciones de pequeña capitalización tienen volúmenes de negociación limitados, lo que las hace menos líquidas. Del mismo modo, algunos ETF especializados en sectores nicho o mercados emergentes pueden no ser muy líquidos.

Más de 500 millones de dólares

Por eso, en mis criterios de inversión, hablaba de invertir en empresas con una capitalización de 500 millones de dólares y ETF con activos gestionados superiores a 100 millones de dólares.

Si respeta estas normas, aumentará considerablemente sus posibilidades de vender fácilmente sus activos.

Siempre habrá suficientes compradores potenciales que le permitan vender rápidamente sin tener problemas de liquidez.

E. Riesgos políticos y geopolíticos

En este mundo incierto, los riesgos políticos y geopolíticos tienen un impacto significativo en las inversiones bursátiles.

Por ejemplo, una guerra o un cambio de gobierno pueden repercutir en las empresas y, por tanto, en sus inversiones.

Cuando se invierte en bolsa, hay que tener en cuenta el riesgo del mundo en que vivimos.

Debe estar atento de los acontecimientos mundiales que pueden repercutir en sus inversiones.

Por último, me gustaría recordarle que no existen las inversiones sin riesgo.

2. Cómo gestionar los riesgos asociados a la inversión en bolsa

A. La importancia de la diversificación

En el mercado bursátil, la diversificación es la clave para gestionar el riesgo. Al diversificar su cartera, reparte su capital entre varias acciones/ETF, sectores empresariales y países.

De este modo, si una empresa o un sector atraviesan una mala racha, usted no está totalmente expuesto a ese riesgo, porque dispone de otros activos para compensar las pérdidas.

Nadie tiene una bola de cristal para predecir el futuro de la economía o de las empresas. Por eso la diversificación es una técnica básica y esencial para gestionar los riesgos asociados a la inversión en bolsa.

B. Por qué es tan importante

No podía controlar mi estrés...

Aún recuerdo los momentos en que no podía controlar el estrés de invertir en mi CVO. Al principio de mi carrera, lo había invertido todo en solo 2 acciones.

A menudo me angustiaba, porque sabía que, si uno de estos 2 valores caía significativamente, tendría un impacto considerable en mi cartera. Me estresaba cada movimiento de los precios de las acciones y a menudo me despertaba por la noche para comprobar cómo evolucionaban mis acciones.

Fue una época difícil para mí porque estaba constantemente estresada por la posibilidad de perder todo mi dinero.

Fue entonces cuando me di cuenta de la importancia de diversificar mi cartera. Empecé a buscar nuevos sectores y a invertir en distintos valores para repartir el riesgo. Tomando estas medidas, por fin conseguí reducir mi estrés.

Invertir no debe ser una fuente de estrés

Me gustaría recordarle que la inversión está ahí para crear riqueza para usted. La inversión no debe ser una fuente de estrés, sino todo lo contrario: está ahí para tranquilizarte y darte tranquilidad.

Cuando lo aposté todo a 2 acciones, enseguida me di cuenta de que era un error. Todos mis ahorros estaban concentrados en esas acciones. Realicé que estaba poniendo en peligro mi seguridad financiera al no diversificar mi cartera.

Por eso te animo a que no cometas el mismo error que yo. Puedes hacerlo invirtiendo en acciones de diferentes sectores, comprando ETF o ¡haciendo ambas cosas!

No olvide nunca que invertir es un juego de paciencia. No te dejes distraer por las fluctuaciones a corto plazo y mantente centrado en tu estrategia a largo plazo.

La riqueza no se crea de la noche a la mañana, sino que se acumula con el tiempo si es paciente y disciplinado. Como dice el refrán: "Roma no se construyó en un día".

Capítulo 9:

Encuentre el corredor adecuado

---

1. Tómate el tiempo necesario para elegir bien

A. Lo que hay que tener en cuenta

Para elegir el mejor corredor para su CVO, es importante tener en cuenta varios criterios.

Precisión

A menudo verá aparecer la palabra "broker" cuando investigue. Esta palabra significa simplemente "corredor" en inglés.

Aquí están algunas cosas a tener en cuenta:

- Comisiones de intermediación: es importante comparar las comisiones que cobran los distintos intermediarios para elegir la que ofrezca la mejor relación calidad-precio.

- Herramientas: compruebe las herramientas que le proporciona el corredor para realizar sus operaciones (esto significa simplemente sus órdenes de compra y venta). Las plataformas en línea, las aplicaciones móviles y las herramientas de análisis deben satisfacer tus necesidades.

- Calidad del servicio de atención al cliente: asegúrese de que el corredor dispone de un servicio de atención al cliente fiable para responder a todas sus preguntas.

- La reputación y la experiencia del corredor: elija un corredor bien establecido y con una sólida experiencia en el campo de la inversión.

- Las opciones de inversión disponibles: asegúrese de que el corredor ofrece las opciones de inversión que usted desea. Por ejemplo, algunos corredores no ofrecen determinados ETF o acciones.

B. Los diferentes tipos de corredor

Corredores en línea

Los corredores de bolsa en línea son cada vez más populares entre los inversores bursátiles por su asequibilidad y accesibilidad. Permiten a los inversores de gestionar sus cuentas en línea y tener acceso a herramientas de seguimiento en tiempo real. Hay un gran número decorredores en línea que ofrecen cuentas de valores.

Aquí son algunos de los corredores más populares y serios:

- Interactive Broker: ¡el corredor para profesionales! Sinceramente, ¡es el Rolls-Royce de los corredores!
- De Giro
- eToro (no lo recomiendo en absoluto, porque tiene las comisiones más altas que he visto nunca).
- República de Comercio
- Comercio 212

Corredores tradicionales

No recomiendo en absoluto los corredores tradicionales, y menos aún los bancos. Los corredores tradicionales no son adecuados para el uso moderno y sus comisiones se comen literalmente tus beneficios.

Los únicos que se van a hacer ricos son ellos, ¡no tú!

Sé que a algunos les tranquiliza más la idea de confiar en un banquero, pero te aseguro que es muy mala idea. Aunque tengas una relación cordial con él, no olvides que inviertes para hacerte rico, no para hacerle rico l a través de las comisiones que le vas a dar....

Cuidado, no digo quecorredores online no cobren comisión. Pero sus comisiones son mucho más justas y asequibles.

2. Elegir el corredor adecuado

A. Evalúe sus necesidades

Antes de elegir un corredor de bolsa, es importante tener en cuenta sus necesidades de inversión. Debe evaluar su nivel de conocimientos y experiencia en inversiones, así como su tolerancia al riesgo.

En función de estos criterios, puede decidir si necesita un corredor que le ofrezca asistencia personalizada o si prefiere una plataforma en línea que le permita gestionar sus inversiones usted mismo. Tómate tu tiempo para pensar detenidamente en tus necesidades y elegir el mejorcorredor.

B. Investigue las tarifas y comisiones de los intermediarios

En el mercado de valores, una pequeña diferencia en los costes supone una gran diferencia en las ganancias a largo plazo. Por eso te recomiendo que compares los honorarios y comisiones de distintos corredores.

Tómese el tiempo necesario para averiguar cuánto le costará cada transacción. Infórmese sobre las comisiones de mantenimiento de cuenta, inactividad y cierre. No todos los corredores cobran estas comisiones, pero algunos sí...

Está invirtiendo para maximizar sus ganancias, así que no olvide tener en cuenta los costes a la hora de elegir su corredor. En última instancia, lo mejor es utilizar un corredor que ofrezca un buen equilibrio entre tarifas asequibles y una plataforma sólida que le ayude a alcanzar sus objetivos financieros.

C. Comprobar la seguridad de los fondos y la normativa

Invertir su dinero nunca es una decisión que deba tomarse a la ligera.

Por lo tanto, es esencial asegurarse de que el corredor que elija está regulado y de que sus fondos estén seguros.

Organismos reguladores

En España, la Comisión Nacional del Mercado de Valores este organismo supervisa y regula los mercados de valores en España y protege a los inversores asegurándose de que los intermediarios financieros cumplen con la normativa vigente. De manera similar, la CNMV publica una lista de advertencias sobre empresas y entidades que no están autorizadas para proporcionar servicios de inversión en España.

A continuación, figura una lista de las autoridades reguladoras de los mercados financieros de valores en diversos países:

- **México**: Comisión Nacional Bancaria y de Valores (CNBV)
- **Estados Unidos**: Securities and Exchange Commission (SEC)
- **Argentina**: Comisión Nacional de Valores (CNV)
- **Colombia**: Superintendencia Financiera de Colombia (SFC)

Nota: Los nombres y responsabilidades de las autoridades pueden variar de un país a otro.

Compruebe las opiniones actuales y pasadas de los clientes del corredor que ha elegido, para hacerse una idea de la cualidad de su servicio y de su experiencia en general. Recomiendo encarecidamente el sitio Trustpilot para esto, por que las reseñas pueden ser difíciles de falsificar.

Con los dos corredores siguientes no arriesga prácticamente nada:

- Corredor interactivo
- De Giro

Están gestionados por importantes organismos financieros y han sido sometidos a todos los controles necesarios.

D. Evaluar las herramientas y funciones disponibles

Como inversor, necesita un corredor que le proporcione las herramientas y la funcionalidad que necesita para tomar las mejores decisiones de inversión. Asegúrate de que el corredor que elijas te ofrezca una plataforma fiable y fácil de usar, así como herramientas de investigación y análisis que te ayuden a tomar decisiones informadas.

Por ejemplo, Trading 212 proporciona a sus clientes herramientas avanzadas, como gráficos en tiempo real, ratios y análisis técnicos, que le permiten tomar decisiones con conocimiento de causa.

Además, debe asegurarse de que su corredor ofrece un alto nivel de seguridad para proteger sus fondos e información financiera. Busque corredores que utilicen protocolos de seguridad y sistemas de encriptación de última generación para proteger su información.

Por último, piense en la experiencia general del usuario. Quieres un corredor que sea fácil de usar, con una interfaz amigable y un servicio de atención al cliente de alta cualidad para responder a todas tus preguntas.

E. Feedback

Me gustaría compartir mi experiencia con ustedes. Para ser totalmente honesto y transparente contigo, actualmente utilizo 2 brokers:

- República de Comercio
- Comercio 212

¿Por qué uso 2?

¡Utilizo 2 de ellos para aprovechar las mejores prestaciones que ofrecen estos 2 corredores y también lo hago para minimizar mis riesgos!

De hecho, estas 2 plataformas son mucho más recientes y, por lo tanto, menos sólidas que plataformas como Interactive Brokers o De Giro. De hecho, mientras escribo estas líneas, ¡estoy en proceso de abrir mi cuenta con Interactive Brokers!

República de Comercio

Creo que el servicio de atención al cliente de Trade Republic todavía no es lo suficientemente bueno. Para un corredor con tantos clientes, el servicio es demasiado lento.

Por otro lado, su web y su app son fáciles de usar.

Lo mejor de esta plataforma es su sencillez cuando estás empezando. La plataforma va directa al grano y no hay montones de información que te abrumen nada más abrirla.

Lo que también me gusta de Trade Republic es que ofrecen muchos más productos financieros y países en los que invertir que la plataforma Trading 212.

Comercio 212

La plataforma me parece mucho más avanzada que Trade Republic. Sin embargo, no me parecen lo suficientemente transparentes en lo que respecta a las comisiones.

Lo que no me gusta de esta plataforma es que las acciones no están a tu nombre, sino a través de contratos conocidos como CFD.

En términos generales, los CPD (siglas de "contrato por diferencia") son productos financieros que permiten apostar por la subida o bajada de un "activo subyacente" **sin llegar a poseerlo.**

Mi hermano pequeño tiene un CVO en Interactive Brokers, así que puedo confirmar que su servicio de atención al cliente es de primera categoría, al igual que la experiencia de usuario. Sin embargo, el sitio no es necesariamente fácil de usar para los principiantes.

Por el contrario, Trade Republic y T212 tienen plataformas que se adaptan mucho mejor a los principiantes. Sin embargo, el problema con estas 2 plataformas radica en el hecho de que son mucho más jóvenes y no se han probado tanto como brokers más antiguos como Interactive Brokers o De Giro.

Capítulo 10:

Consejos legales para pagar menos impuestos

---

1. Los diferentes tipos de impuestos

A. ¿Por qué reducir los impuestos?

Cuando se trata de finanzas personales, es importante maximizar los beneficios y minimizar los gastos. Ahí es donde entran en juego las desgravaciones fiscales.

Cuanto más pueda reducir sus impuestos, más dinero tendrá para invertir en otras oportunidades que puedan ayudarle a alcanzar sus objetivos financieros más rápidamente. En definitiva, es una forma de tener más control sobre tu dinero y hacer que trabaje para ti.

B. Impuesto sobre dividendos

Los dividendos son los ingresos generados por las acciones de una empresa. En la mayoría de los países, los dividendos están sujetos al impuesto sobre la renta, pero los tipos impositivos varían de un país a otro.

En España, los dividendos están sujetos a una retención en la fuente que varía entre el 19% y el 23%, dependiendo del monto de los dividendos recibidos.

En México, se aplica una retención en la fuente sobre los dividendos del 10%. Sin embargo, esta tasa puede variar si el beneficiario es una entidad extranjera, dependiendo de los tratados fiscales aplicables.

En los Estados Unidos, la tasa de retención en la fuente para los dividendos puede variar entre el 0%, el 15% y el 20% para los individuos, dependiendo de su nivel de ingresos, y puede alcanzar hasta un 37% para las tasas marginales más altas bajo el impuesto sobre la renta ordinaria.

En Argentina, los dividendos están sujetos a una retención del 7%, aplicable a los residentes fiscales. Para los no residentes, la tasa de retención es del 13%.

En Colombia, la tasa de retención en la fuente para los dividendos es del 10% cuando los dividendos superan un determinado umbral establecido por la ley. Los dividendos que no superan ese umbral no están sujetos a retención.

C. Impuesto sobre los beneficios

Los beneficios son las ganancias obtenidas al vender un activo bursátil. Los inversores bursátiles con un CVO están sujetos al impuesto sobre beneficios, pero las normas fiscales varían de un país a otro.

En España, por ejemplo, las ganancias de capital obtenidas por la venta de acciones están sujetas a una tributación que varía según el monto de la ganancia, aplicándose un tipo de gravamen del 19% para ganancias hasta 6.000 euros, del 21% para las ganancias entre 6.000 y 50.000 euros, y del 23% para las ganancias que superen los 50.000 euros.

En los Estados Unidos, la tasa de impuesto sobre las ganancias de capital depende de cuánto tiempo se hayan tenido las acciones y el nivel de ingreso del inversor. Las ganancias de capital a largo plazo, aquellas en activos mantenidos por más de un año, se gravan a tasas más bajas que el ingreso ordinario, con tasas que varían entre el 0%, 15% y 20% dependiendo de la categoría de ingresos del individuo. Las ganancias de capital a corto plazo, por acciones mantenidas menos de un año, se gravan al mismo tipo que el ingreso ordinario.

D. *Información importante*

A riesgo de repetirme, los sistemas fiscales varían considerablemente de un país a otro.

La información facilitada en esta sección tiene carácter un poco ilustrativo y no debe interpretarse como asesoramiento fiscal. Es esencial consultar a un experto fiscal o a un asesor financiero para obtener un asesoramiento adaptado a sus circunstancias personales.

2. ¿Cómo puedo optimizar legalmente mi fiscalidad?

A. ETF de capitalización

La compra de ETF de capitalización es una técnica interesante para minimizar la imposición sobre los dividendos.

A diferencia de los ETF de distribución, los ETF de capitalización no pagan dividendos a los inversores, por que reinvierten los dividendos directamente en el ETF.

Esto significa que los inversores no tributan por los dividendos distribuidos, ¡porque no hay ninguno!

Sin embargo, los beneficios generadas por la capitalización de ETF están sujetas al impuesto sobre plusvalías en cuanto los venda.

Al elegir ETF compuestos, las ganancias no se distribuyen, sino que se reinvierten para generar más ganancias. Puede que esto no le parezca importante, pero a medio y largo plazo supone una gran diferencia gracias al efecto del interés compuesto.

Al diferir la tributación de los beneficios hasta la venta, se reduce la carga fiscal. Esta estrategia es ideal para inversores a largo plazo que desean maximizar sus ganancias y permanecer en España.

→ Básicamente, es mejor tributar al 30% por 100.000 euros que por 10.000, aunque se siga en el mismo tramo impositivo, ¡porque al final te quedarás con más de lo que tenías al principio!

B. Utilización de pérdidas para reducir impuestos

Importante

Debe comprender la diferencia entre:

- valor añadido real
- beneficios latentes

y...

- una pérdida de capital real
- una pérdida no realizada

Cuando usted compra un activo financiero, como una acción, el precio puede subir o bajar. Si el precio sube y vende la acción, obtiene un beneficio, es decir, gana dinero. Por el contrario, si el precio baja y vende la acción, obtiene una depreciación real, es decir, pierde dinero.

Por otro lado, si no ha vendido su activo financiero, se dice que el cambio en su valor no se ha realizado. Por ejemplo, si compró una acción a 100 euros y su precio es ahora de 120 euros, tiene una ganancia no realizada de 20 euros. Sin embargo, esta ganancia sólo se realizará si vende la acción. Lo mismo ocurre con una pérdida no realizada: mientras no haya vendido el activo financiero, la pérdida sólo existe sobre el papel.

La fiscalidad no se basa en las plusvalías y minusvalías latentes.

La fiscalidad se basa en los beneficios reales obtenidas en la venta de un activo financiero (acciones, ETF, etc.).

Si un inversor obtiene ún beneficio latente de un activo financiero, no tendrá que pagar impuestos. La tributación sólo se produce cuando el inversor vende el activo financiero con un beneficios. Además, si un inversor realiza una pérdida de capital real, puede utilizar esta pérdida para reducir el impuesto sobre las ganancias realizadas en los beneficios reales.

C. Mi último consejo

Espero que toda esta jerga fiscal no le haya dado demasiados quebraderos de cabeza. Para mí era esencial darle la información más relevante, para que no se vea atrapado por las complejidades fiscales...

Si alguna vez tienes preguntas sin respuesta, te recomiendo encarecidamente que consultes a un experto fiscal o pidas consejo a tu corredor de bolsa.

A veces es mejor perder un poco de tiempo y dinero consultando a especialistas que tomar decisiones precipitadas que a la larga te saldrán más caras...

Además, no hay que olvidar que las leyes cambian. Lo que era cierto ayer puede no serlo hoy.

Conclusión

¿Todavía le intimida la idea de invertir en bolsa? Con toda la información y los términos técnicos, puede parecer desalentador.

Si es así, la verdadera pregunta que debería hacerse es:

"¿Por qué iba a dejar pasar una oportunidad de hacer crecer mi patrimonio y construir un futuro financiero sólido?".

En este libro te he dado todas las claves para entender la inversión en bolsa con el CVO. Has conocido las diferentes estrategias de inversión y cómo te ayudarán a conseguir tus objetivos financieros. No dejes el miedo a lo desconocido te paralice por más tiempo, ¡es hora de que tomes las riendas de tu futuro financiero y cambies tu situación!

Al no invertir en los mercados financieros, la gente pierde la oportunidad de aumentar su patrimonio y hacer realidad sus sueños. No dejes que la inflación reducir el valor de tu dinero con el tiempo...

¿Le ha gustado este libro y quiere saber más?

No busque más, ¡mis libros están aquí para responder a todas sus preguntas!

Descubrirá las mejores estrategias para optimizar sus inversiones y los errores que debe evitar. Gracias a su enfoque claro y didáctico, estos libros son accesibles para todo el mundo, tanto para principiantes como para inversores experimentados.

Invertir ya no tendrá secretos para usted y podrá construir una cartera sólida para su futuro financiero.

No esperes más, ¡compra mis libros y alcanza tus objetivos!

Muchas gracias por leer mi libro y le deseo todo el éxito que se merece.

Fuentes

Libros

- Hagstrom, R. G. (2013). A *la manera de Warren Buffett*. Wiley.

- Graham, B., y Zweig, J. (2023). *The Intelligent Investor Rev Ed: The Definitive Book on Value Investing*. Generic.

- Kabbaj, T., y Joulié, J. J. (2011). *Psychologie des grands traders*. Eyrolles.

- Lynch, P. (1999). *Y si supieras lo suficiente para ganar en bolsa*. VALOR.

- Lynch, P., y Rothchild, J. (2012). *Beating the Street*. Simon & Schuster.

- Fisher, P. A. (2000). *Acciones ordinarias y beneficios extraordinarios*. Valor.

- Horny, G. (2022). *Je me mets à la bourse pour les Nuls*. FIRST.

Sitios

Aclaración importante

Tenga en cuenta que los sitios mencionados se facilitan únicamente a título informativo y no constituyen asesoramiento en materia de inversión. Es importante señalar que estos enlaces no son de afiliación y no generan remuneración alguna para el autor o el editor.

Organismos reguladores oficiales:

- España: Comisión Nacional del Mercado de Valores (CNMV): www.cnmv.es

- México: Comisión Nacional Bancaria y de Valores (CNBV): www.gob.mx/cnbv

- Estados Unidos: Securities and Exchange Commission (SEC): www.sec.gov

- Argentina: Comisión Nacional de Valores (CNV): www.cnv.gob.ar

- Colombia: Superintendencia Financiera de Colombia: www.superfinanciera.gov.co

Corredores:

- Interactive Brokers www.interactivebrokers.ie/fr/home.php

- Degiro: www.degiro.es

- Trade Republic: https://traderepublic.com/es-es

- Trading 212: www.trading212.com/es

Otros sitios:

- Google Finance : www.google.com/finance/?hl=es
- Yahoo Finance : https://es.finance.yahoo.com/
- S&P Global Ratings: www.spglobal.com/ratings/en/index
- Motley Fool: www.fool.com/
- Seeking Alpha : https://seekingalpha.com/
- Forbes Investing: www.forbes.com/investing/
- Investing.com: www.investing.com
- Bloomberg: www.bloomberg.com/markets
- Estrella de la mañana: www.morningstar.es

Imágenes

- www.freepik.com
- www.google.com/finance

www.ingramcontent.com/pod-product-compliance
Lightning Source LLC
LaVergne TN
LVHW051015051026
849532LV00004BA/1230
* 9 7 9 8 2 3 1 1 9 8 7 9 5 *